安徽师范大学

校史校情简明读本

安徽师范大学校史研究中心 编

安徽师范大学出版社
ANHUI NORMAL UNIVERSITY PRESS
·芜湖·

图书在版编目(CIP)数据

安徽师范大学校史校情简明读本 / 安徽师范大学校史研究中心编. — 芜湖:安徽师范大学出版社, 2017.8(2024.9重印)

ISBN 978-7-5676-3080-2

Ⅰ. ①安… Ⅱ. ①安… Ⅲ. ①安徽师范大学—校史Ⅳ. ①G659.285.4

中国版本图书馆CIP数据核字(2017)第199776号

安徽师范大学校史校情简明读本　安徽师范大学校史研究中心　编

策　　划:张奇才
责任编辑:胡志恒
装帧设计:桑国磊　任　彤
出版发行:安徽师范大学出版社
安徽省芜湖市北京东路1号安徽师范大学赭山校区
网　　址:http://www.ahnupress.com/
发 行 部:0553-3883578　5910327　5910310(传真)
印　　刷:安徽联众印刷有限公司
版　　次:2017年8月第1版
印　　次:2024年9月第8次印刷
规　　格:700 mm×1000 mm　1/16
印　　张:11
字　　数:135千字
书　　号:ISBN 978-7-5676-3080-2
定　　价:29.80元

前 言

潜岳苍苍，江淮汤汤。1928年，安徽师范大学的前身省立安徽大学在清代安徽著名的官办书院——敬敷书院的旧址上创办，拉开了安徽近现代高等教育的序幕。在九十多年的漫漫征途中，安徽师范大学始终根植于江淮大地这块沃土，与民族共命运，同时代齐奋进，追寻教育梦想，见证国运沧桑，将璀璨的学校教育事业熔铸成一幅绚丽夺目的画卷，成为安徽现代高等教育的一个缩影、一座丰碑。

九层之台，起于累土。从1928年省立安徽大学创建至今，安徽师范大学已经走过了九十多个春秋。这九十多年，是激流勇进、薪火相传的九十多年，更是追求卓越、自强不息的九十多年。九十多年来，安徽师范大学校名更迭之频，国内高校罕见，经历过战争年代的动荡、校址东迁和院系调整，从综合性大学到多科性大学，师大人经受种种挫折和磨难，以厚重朴实的作风、至善致远的境界、追求卓越的心气，奏响起自强不息的弦歌，安徽师范大学也发展成为教学研究型综合性大学。

安徽师范大学始终恪守“厚德、重教、博学、笃行”的校训，秉承“厚重朴实、至善致远、追求卓越、自强不息”的精神，虽创业维艰，校址数迁，但弦歌不辍，特色不改，传统不失，在坎坷中奋进，在崎岖中攀登，在艰难中崛起，始终做到理想不改、信念不变、追求不止，始终致力于学校的发展壮大，走出了一条具有鲜明的师大特色、师大风格的办学之路，也因此造就了安徽师范大学现在蓬勃发展、欣欣向荣的良好局面。

清代思想家龚自珍曾说过:“欲知大道,必先为史”。校史文化是学校经年累月所积淀的思想宝库和精神家园,凝聚着数代师大人的智慧和辛劳,汇聚了社会各界的厚爱与支持。触摸九十多年校史,让我们强烈地感受到一股力量,一份责任,一种希望。我们一定要倍加珍惜独具特色的安徽师范大学历史、传统与文化。

校史与校情,一个是过去,一个是现在。过去的辉煌不等于现在的成就,过去的精神文化不代表现在的文化认同。这就要求我们既要了解安徽师范大学的过去,也要了解安徽师范大学的现在,让师大精神内化在心灵里,流淌在血脉中,践行在行动上,形成师大人共同的文化基因。这也是我们组织编写这部《安徽师范大学校史校情简明读本》的目的和意义之所在。

历史召唤未来,未来续写历史。让我们透过历史的沧桑,追随安徽师范大学一路走来的铿锵足迹,与前辈先贤进行一次跨越时空的情感交流和思想对话,一同用心去诠释、去感悟师大九十多年的脉动!让我们从中追寻厚重的文化源头,汲取心灵的养分,传承弘扬师大精神,并不断融入时代精神和集体智慧,进一步凝聚起推动学校发展的“师大力量”,积极投身于师大改革发展的洪流中,创造出无愧于历史、无愧于时代的业绩,谱写学校事业发展新的历史篇章!

安徽师范大学历史沿革图

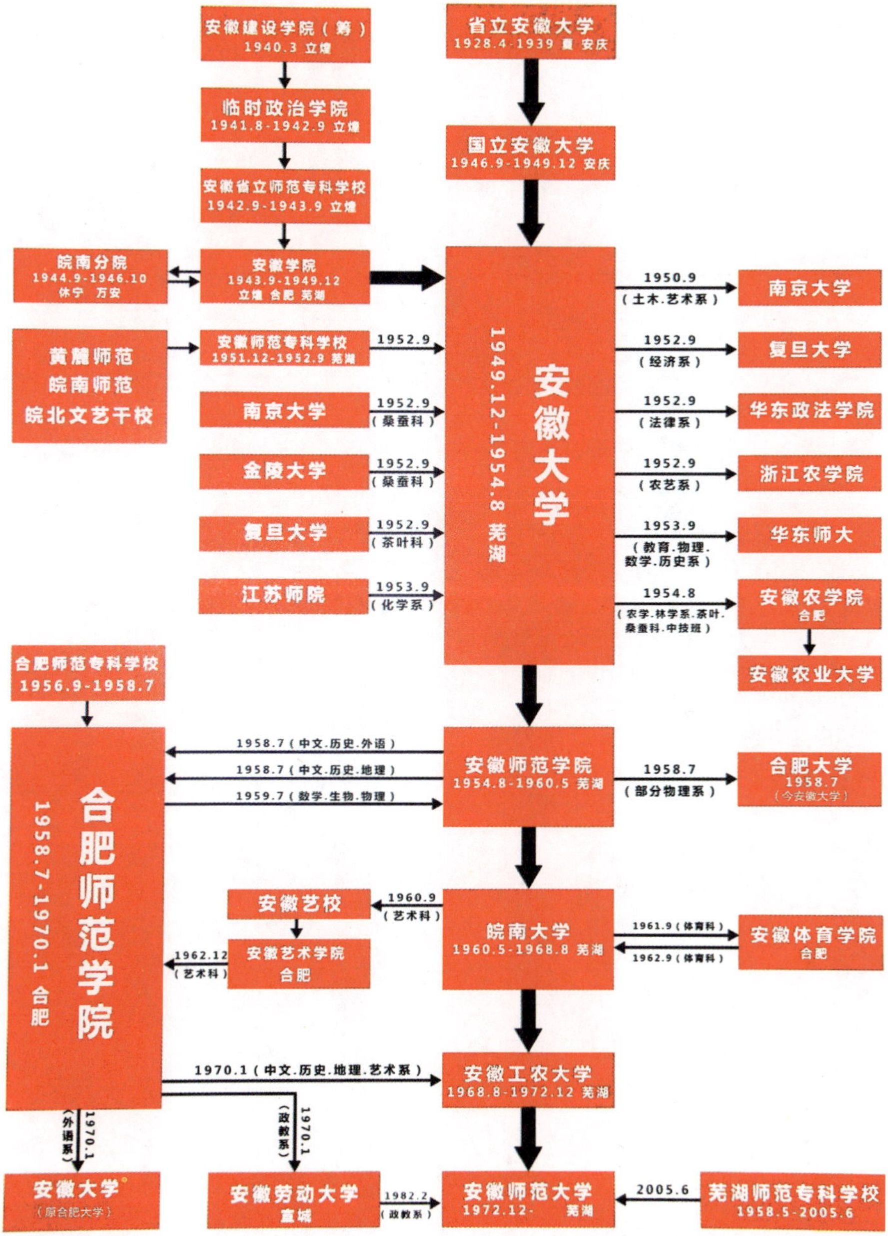

目　录

校史篇

校情篇

校史篇

第一节　几经变迁　相承一脉

安徽师范大学是安徽建校最早的高等学府。自1928年创立以来，历经省立安徽大学、省立安徽学院、国立安徽大学、安徽大学、安徽师范学院、皖南大学、安徽工农大学、安徽师范大学八个办学阶段。

一、省立安徽大学(1928年4月至1939年8月)

早在1921年，省内外一些皖籍学者名流，就有筹建安徽大学的倡议，其中尤以蔡晓舟最为热心积极。后因军阀混战，未有结果。

蔡晓舟(1885—1933)，合肥人，安徽社会主义青年团的创建人。曾参加熊成基领导的安庆马炮营起义，失败后回合肥开办学校。后到北京，先后在北京大学总务处和图书馆供职，曾任《评议》报编辑。五四运动以后，他返回安徽，在安庆一师任教，并多方奔走极力呼吁建立安徽大学。

蔡晓舟

1926年10月，“省长高世读聘姚永朴先生为校长”(《安大校友通讯》创刊号)，将建校工作正式提上日程。然而，这次建校工作又因北伐战争兴起旋告中辍。

姚永朴

姚永朴(1861—1939),字仲实,晚号蜕私老人。桐城派末期学者。历任广东起凤书院山长、山东高等学堂伦理教习、安徽高等学堂伦理教习、清廷学部咨议官、京师政法学堂国文教习、国民政府清史馆纂修、北京大学教授、秋浦宏毅学校校长、南京东南大学教授、省立安徽大学教授。与专治诸子的李范之、阐释禹贡的杨铸秋和研究文字训诂学的陈朝爵号称为安大校中"四老"。著有《文学研究法》《史学研究法》等。

1927年9月,陈调元任安徽政务委员会主席,"聘余谊密、胡春霖、张秋白、汤志先、雷啸岑、刘文典、吴承宗、廖方新、常宗会、刘复、吴善先生等为筹备委员"(《安大校友通讯》创刊号),正式启动筹备工作。

1928年2月,筹备就绪,以安庆城内的圣保罗中学校舍为第一院、百子桥的校舍为第二院、五里庙的校舍为第三院。4月10日上午,第一期预科班学生正式开学,学校在第二院大礼堂举行开学典礼。这一天就是安徽开创先河的省立安徽大学的诞生纪念日。

省立安徽大学一院办公楼

省立安徽大学第一院、第二院大门

省立安徽大学正式成立之际，筹委会继续存在并行使管理职责，但具体校务工作由刘文典主持。

刘文典（1889—1958），原名文聪，安徽合肥人。现代校勘学大师，以《庄子》《淮南鸿烈》研究负天下重名，有“国宝”之誉。曾受聘组建省立安徽大学，担任安徽大学文学院院长兼预科主任。因保护进步学生冲撞蒋介石，被免去在安徽大学担任的职务。后到清华大学、西南联合大学、云南大学任教。著有《淮南鸿烈集解》《庄子补正》等。陈寅恪认为其校勘是“古今之至慎者”。胡适称赞《淮南鸿烈集解》“用力之久而勤，方法之严而谨”。

刘文典

1928年8月，省立安徽大学文法学院成立，院内设立四系：中国文学系、教育学系、政治经济学系、法律系。刘文典任文法学院院长兼预科主任，开始招收本科生，学制四年。

1929年2月，省教育厅厅长程天放兼任安徽大学校长，改定校名为“安徽省立大学”。程天放任校长时期，分文法学院为文学院和法学院，筹备理学院，学校有了进一步的发展。

程天放（1899—1967），江西新建人。毕业于上海复旦大学，后到美国、加拿大留学，获伊利诺斯大学政治学硕士、多伦

程天放

多大学政治学博士。曾任安徽省政府委员、教育厅厅长。离开省立安大后曾任浙江大学及四川大学校长、中央政治学校教育长、驻德国大使。到台湾后，历任“教育部”部长及“考试院”副院长等要职。

1929年6月，安徽省政府批准程天放辞职，武汉大学教授王星拱继任省立安徽大学校长。他到任后，立即成立理学院，开始招收数、理、化三系学生，健全了文、法、理三院设置。

王星拱

王星拱（1887—1949），安徽怀宁人。民国初与丁绪贤等人发起成立我国最早的科学团体“中国科学社”。曾与陈独秀、钱玄同、程演生等共同组织大学俱乐部并参与编辑《新青年》。后离开北大历任南京国民政府高等教育处长，中央大学化学系教授、教务长，武汉大学化学系教授、系主任、院长、副校长、校长，省立安徽大学校长，中山大学校长，国民党中央候补委员、国民政府建设委员会委员等职。著有《科学概论》《科学与人生》等。

1930年1月，王星拱被国民政府教育部任命为武汉大学校长，校务工作暂由文学院院长杨亮功代理。7月2日，杨亮功正式任省立安徽大学校长。学校奉南京国民政府教育部令正式定名为“安徽省立安徽大学”；取消预科生；扩充文、法、理三院各学系，形成三院十系规模。

杨亮功（1894—1992），安徽巢县人。先后获北京大学文学学士、斯坦福大学教育硕士、纽约大学哲学博士学位。留学回国后历任河南第五中山大学教授、上海中国公学副校长、暨南大学教授、省立安徽大学校长、国民政府监察委员、国立安徽大学校长、编译馆馆长、“监察院”秘书长、“考试院”副院长、院长、“总统府”资政等职。著有《中西教育思想演变与交流》《中国文化史·先秦文化史》等。

杨亮功

1931年2月，杨亮功向安徽省政府呈文辞职。7月，安徽省政府聘理学院院长何鲁代理校长。何鲁代理校长后，着手筹建农、工、医三院，但由于省政府经费拖欠不拨，学校经费极为困难，“几濒于危”，无奈辞职。

何　鲁

何鲁（1894—1973），四川广安人。将现代数学引入中国的先驱之一，曾破解三大数学难题而蜚声海内外。先后就读于成都机械学堂、上海南洋公学（上海交通大学前身）、清华学堂（清华大学前身）、法国里昂大学。曾在南京高等师范学校、大同大学、中国公学等任教。先后担任南京中央大学数学系教授、系主任，省立安徽大学理学院教授、院长。

1932年3月，在学校危难之际，程演生接任校长之职。程演生在任时，调整院系设置，增设史地系，着手实施新校舍规划，并主持第9次校务会审定校旗、校徽、校歌。

程演生（1888—1955），亦称衍生，安徽怀宁人。曾留学英、法、日等国，获法国考古研究院博士。回国后历任杭州华严大学文学系主任、北京大学文科教授、暨南大学教授、安徽第一师

程演生

范学校校长、外交部特派员、省立安徽大学校长、安徽省通志馆副馆长、国民政府财政部安徽省财政监察委员会委员、安徽省政府高级顾问、安徽学院院长等职。著有《圆明园图考》《安徽清代文字狱备录》等。

1934年1月，程演生辞职。2月，傅铜继任校长。学校遵从教育部令和省政府指示，停办法学院，政治系、经济系合并为政治经济系，改属文学院；理学院数学和物理两系合并为数理系；成立农学院，设农艺、农经两系。同时，于百子桥边开始动工兴筑校舍。

傅铜（1886—1970），河南兰封人。早年赴英国留学，获伯明翰大学哲学硕士学位，曾追随罗素研究数理哲学，之后又赴日本入东洋大学继续深造。回国后历任北京大学教授、北京师范大学教授、北京女子师范大学教授兼教务长、北平大学教授、西北大学校长、中国大学教授、省立安徽大学校长。著有《行易知难说之根本解决》《科学的非宗教运动与宗教的非宗教运动》等。

傅　铜

1935年7月，傅铜因母辞世去职，农学院院长李顺卿继任校长。学校根据教育部要求，停办政治经济系；将数学系与物理系合并为数理学系；农学院设农艺、农经、森林三系。形成文学院、理学院、农学院三院七系规模。

李顺卿（1894—1972），山东海阳人。先后获南京金陵大学农林学士学位、耶鲁大学林学硕士学位、芝加哥大学植物学博士学位。留学回国后历任北平大学农学院教授，国立北平师范大学生物系教授兼系主任、总务长、代理校长，中央大学教授、系主任、教务长，省立安徽大学农学院筹备主任、院长、校长等职。著有《植物社会进化》《中国森林植物学》等。

李顺卿

1935年10月，新校舍落成，圣公会房屋退租，至此省立安徽大学始有自己的固定校舍。

省立安徽大学新校舍全景和门头

1937年7月，日寇大举入侵，省立安徽大学的办学和发展陷入困境。1938年春，战局更加恶化，校务陷于停顿。同年8月，省立安徽大学复校无望，便由代理校长汪洪法商请省教育厅厅长和省政府驻重庆办事处处长联衔请示省政府办理移交。直至1939年夏，才将各项手续办理完毕。

安徽省立安徽大学1932—1937年（六届）毕业生人数统计表

	文学院					法学院					理学院					农学院				合计
	中文	外语	哲教		小计	法律	政治	经济	生物	小计	数学	物理	化学	小计						
1932年毕业生	19	2	20		41	32	15	8		55										96
1933年毕业生	10		14		24	46	21	10		77	7	6	4	17						118
1934年毕业生	10	3	25		38	29	11	11	5	56	1	2	3	6						100
1935年毕业生	10	9	33	13	65	21				21	3	3	8	14						100
1936年毕业生	14	7	36		57	26				26	7		7	14						97
1937年毕业生	4	8	11		23			11		11	3		8	11						45
合计	67	29	139	13	248	154	47	40	5	246	21	11	30	62						556

根据1947年6月《国立安徽大学毕业纪念册》统计

二、省立安徽学院(1940年3月至1949年12月)

1940年春，安徽省政府决议筹办安徽建设学院，聘万拜甫(万昌言)、苏春伯、杨绩荪、李则纲、张岳灵、张明时、朱立余7人为筹备委员，万拜甫为主任，着手进行学院的筹备工作。

1941年2月，根据教育部《游击区及接近前线各省市设临时政治学院办法》，安徽省政府变更设立建设学院计划，改设临时政治学院。8月，临时政治学院在立煌县(今金寨县)正式成立，设文史、政经、法律、教育四系，聘刘真如为院长。

1947年安徽学院的校门

刘真如出任院长时间不长，数月后即奉调离皖到河南任职。安徽省政府主席李品仙亲自兼任院长。李品仙后因公务繁冗，难以经常躬理院务，辞去兼任院长职务。院务暂由国文教授朱清华代理。

李品仙

李品仙(1892—1987)，广西苍梧人，保定军官学校毕业，曾任湘军唐生智部师长。后投归李宗仁，任参谋长。抗日战争时期，任第五战区副司令长官兼十一集团军总司令；安徽省主席兼国民党安徽省党部主任委员等职。

朱清华（1884—1955），安徽阜阳人，废科举后入南京高等学堂，毕业后留学日本，入早稻田大学经济系学习，加入同盟会。回国后，先后担任北京民国大学校长、阿尔泰办事处长官、孙中山总统顾问、安徽省财政厅长、成都华西大学教授、安徽大学教授、安徽师范学院教授等职。著有《万里楼诗抄》《阿尔泰纪行》等。

朱清华

朱清华任代理院长至1942年1月，安徽省政府荐请教育部聘刘迺敬为院长。学院行政建制设有教务、训导、总务三处。

刘迺敬

刘迺敬（1893—1969），安徽巢县人。南京金陵大学文学院毕业。后赴美留学，毕业于哥伦比亚大学师范部，获硕士学位。回国后历任中央大学教授、中央政治学校教授、金陵大学文学院院长、安徽大学教务长、安徽师范学院副院长、民盟安徽省委常委、芜湖市主委、省人民代表、省政协委员等职。著有《教育统计学》等。

1942年9月，经教育部批准，临时政治学院改名为安徽省立师范专科学校，学制三年，设国文、英文、数学、教育、史地五科，培养中学教师。校长仍由刘迺敬担任。

1943年7月，经安徽省政府批准并报教育部同意，安徽临时政治学院改名为省立安徽学院，聘朱佛定为院长。内设中文、史地、政经、教育四系及银行、艺术、师范三个专修科。旋又按照教育部要求，增设英文、数学两系，将教育系并入师范专修科。

朱佛定

朱佛定（1887—1981），江苏江阴人，北京大学法学学士、法国巴黎大学法学硕士、瑞士日内瓦大学法学博士。历任北京大学助教、讲师，北京中国大学、上海法政学院、广西大学教授、教务长、校长，安徽省政府秘书长，省立安徽学院院长等职。1945年后任台湾省民政厅厅长等职。

1944年1月，考虑到皖南地区没有高等学校，每年高中毕业生几千人升学困难，学校决定在休宁万安镇徽州中学旧址，另设“注重工农实科”的安徽学院皖南分院。皖南行署主任张宗良兼任皖南分院主任，后张明时继任主任。

张宗良（1904—1986），安徽庐江人，毕业于中央大学，随后赴英国伦敦大学学习，获博士学位。回国后历任国防研究院、中央警校教官，安徽省政府委员、省干训团教育长，皖南行署主任，安徽建设厅厅长。后随国民党去台湾，曾任台湾师范大学校长、“考试院”副院长等职。

张宗良

张明时

张明时（1904—？），河南邓县人，北京大学政治系毕业，比利时普鲁塞尔大学法学博士，曾任安徽省政府秘书、临时政治学院教授、皖南行署物资处长等职。国立安徽大学与安徽学院合并后，在安徽大学法律系任教授，院系调整时法律系撤销，他并入历史系任教授。

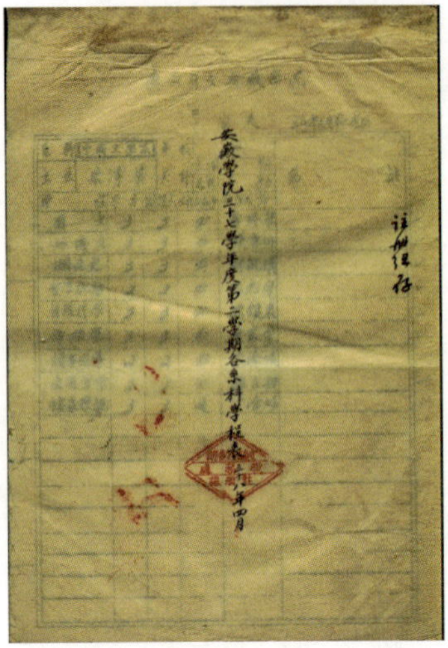

安徽学院三十七学年度第二学期各系科学程表

1944年秋，安徽学院增设法律系和体童科，把师范专修科改为师范部，内设教育、艺术、理化、体童四科；外加银行专修科；又增设大学先修班一班，招收高中毕业生失学者。这样全校共有六系五科一个先修班。

1945年8月，日寇投降。朱佛定因奉调台湾任教育厅厅长，辞去院长职务。安徽省政府聘刘天予为代理院长。同年底，安徽学院迁至合肥东南郊的临河集，租借李鸿章家族的粮食仓库办学，改聘程演生为院长。

1946年10月，安徽学院从合肥临河集搬迁到芜湖，定址赭山南麓。皖南分院也同时迁到芜湖，与学院总部合并一处。此时，学院设有中文、外语、史地、政经、数学、土木、农艺、法律8个本科系和教育、艺术、银会、体童、数理5个专科。

1947年2月，程演生辞职，院务由柯育甫代理。9月，柯育甫辞职，院长由万昌言担任。这一年春，学院奉教育部令将农艺系并入国立安徽大学农学院，将教育科改为教育系，数理科并入数学系。此时，学院仍有八系三科。

柯育甫（1904—1961），安徽庐江人，国立中央大学文学学士，美国密西根大学教育硕士。曾担任安徽教育厅厅长、中央政治学校校长等职，先后任职于国立四川大学、重庆大学、中华职业研究所，时任安徽学院教务长兼教育科主任。

柯育甫

万昌言

万昌言(1898—?),又名万拜甫,安徽巢县人。毕业于日本东京高等师范学校和德国法兰克福大学。历任广州国立中山大学教授、中央军校总教官、安徽教育厅厅长、省立安徽学院院长等职。

1948年底,万昌言辞职离校,李相勖接任院长。1949年4月,芜湖解放。5月,芜湖市军管会派军代表朱遂进驻学校,接管安徽学院并主持院务。1949年12月,安徽学院并入国立安徽大学。

三、国立安徽大学(1946年4月至1949年12月)

1946年1月,教育部决定恢复安徽大学,并改省立为国立。聘请朱光潜、陶因、程演生、杨亮功等十一人为安徽大学筹备委员会委员,并任朱光潜为筹委会主任委员,陶因为秘书。后改任陶因为主任委员。

朱光潜(1897—1986),安徽桐城人。香港大学文学学士,英国爱丁堡大学文学硕士,法国斯特拉斯堡大学文学博士。曾任武汉大学、北京大学教授,是我国著名美学家。1946年1月被国民政府教育部聘为国立安大筹委会主任委员。

朱光潜

安徽大学筹委会于1946年4月20日在南京成立,并召开会议,商讨复校事宜,教育部常务次长杭立武主持会议并讲话。5月初,筹委会迁至安庆。6月底正式接受原省立安徽大学校舍,搬入办公。

抗战期间,安庆被日军侵占,原省立安徽大学校舍充作日军仓库，学校房屋遭到了极大破坏。国立安徽大学筹委会和修建设备委员会进行了紧张的复校工作，学校的房屋修葺一新，新建了大礼堂和几十间教授宿舍，为复校奠定了基础。

1947年国立安徽大学校园全景

与此同时，筹备会还聘定了各院系授课教师。国立安徽大学的教学内容，是根据当时教育部的有关规定、教师的授课能力以及学生的学习要求而综合制定，设有必修课、选修课，采用学分制。教师每年聘任一次。著名学者汤璪真、胡稼胎、潘重规、方重、束天民（束世徵）、刘迺敬、韦仲殷、张宗元、吴仲常、张文渊、雷瀚、黄叔寅、齐坚如等曾先后在此执教。

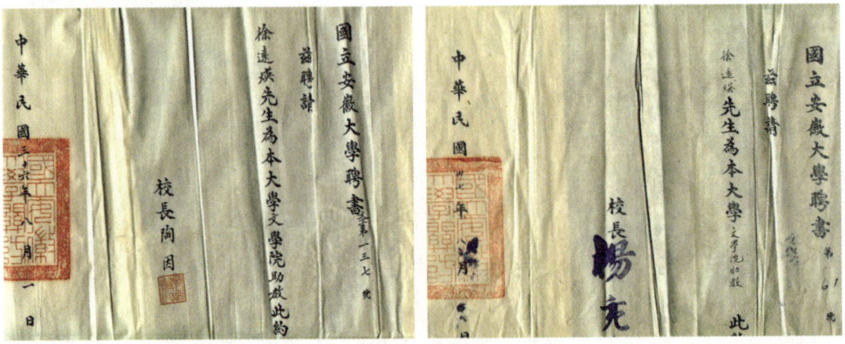

國立安徽大學聘書 第一三七號
茲聘請
徐遠琰先生為本大學文學院助教此約
校長陶因
中華民國三十六年八月一日

國立安徽大學聘書
茲聘請
先生為本大學文學院助教 此
校長
中華民國
年
月

国立安徽大学聘书

国立安徽大学为综合性高等学校，学制四年。学校的教学机构为四院十三系：文学院设中国文学系、外国文学系、历史系、哲学教育系；法学院设法律系、政治系、经济系；理学院设数学系、物理系、化学系；农学院设农艺系、森林系、园艺系。另设有大学先修班。

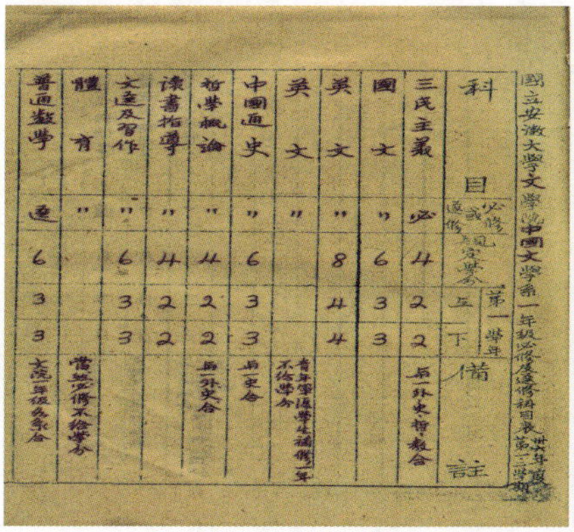

國立安徽大學文學院中國文學系一年級必修及選修科目表

科目	必修或選修	學分	第一學年 上	第一學年 下	備註
三民主義	必	4	2	2	與一外史哲教合
國文	"	6	3	3	
英文	"	8	4	4	
英文	"				青年軍復學學生補修一年不給學分
中國通史	"	6	3	3	與一史合
哲學概論	"	4	2	2	與一外文合
讀書指導	"	4	2	2	
文選及習作	"	6	3	3	
體育	"				當然必修不給學分
普通數學	選	6	3	3	文院一年級各系合

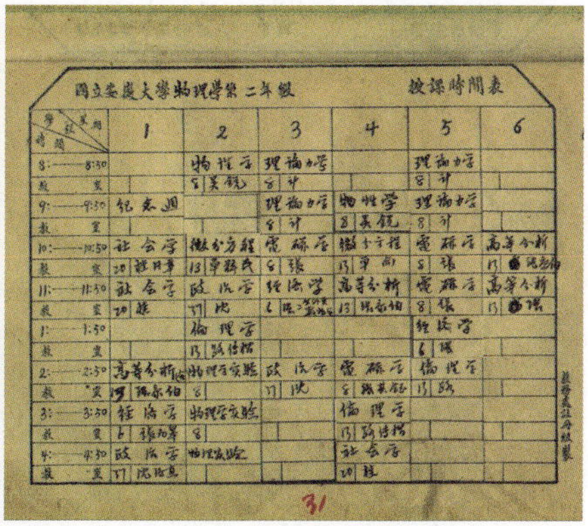

國立安徽大學物理學系二年級 授課時間表

時間	1	2	3	4	5	6
8:—8:50		物理学	理論力学		理論力学	
教室		8 [illegible]	8 [illegible]		8 [illegible]	
9:—9:50	[illegible]		理論力学	物性学	理論力学	
教室			8 [illegible]	8 [illegible]	8 [illegible]	
10:—10:50	社会学	微分方程	電磁学	微分方程	電磁学	高等分析
教室	20 [illegible]	13 [illegible]	8 張	13 [illegible]	8 張	13 [illegible]
11:—11:50	社会学	政治学	经济学	高等分析	電磁学	高等分析
教室	20 [illegible]	17 沈	6 [illegible]	13 [illegible]	8 張	13 [illegible]
1:—1:50		倫理学			经济学	
教室		13 [illegible]			6 [illegible]	
2:—2:50	高等分析	物理学实验	政治学	電磁学	倫理学	
教室	13 [illegible]	8	17 沈	8 [illegible]	13 [illegible]	
3:—3:50	经济学	物理学实验		倫理学		
教室	6 [illegible]	8		13 [illegible]		
4:—4:50	政治学	物理实验		社会学		
教室	17 [illegible]			20 [illegible]		

31

国立安徽大学文学院中国文学系必修及选修科目表

经教育部批准，原安徽学院大学部学生，可以通过转学考试方式转入安徽大学。新生入学考试，分南京、安庆两地进行。青年军复员、南京临时大学解散，又各分来一批学生。这样，国立安徽大学开学伊始，就有了四个年级的在校学生。

各院系各年级报到学生人数统计表（三十五年即1946年度第一学期）

	中	外	史	哲	小计	法	政	经	小计	数	物	化	小计	合计
一年级	19	23	23	20	85	40	46	48	134	23	33	22	78	297
二年级	53	44	50	0	147	71	46	31	148	33	16	0	49	344
三年级	41	11	36	0	88	20	43	42	105	16	0	0	16	209
四年级	34	21	26	0	81	22	22	38	82	20	0	0	20	183
总计	147	99	135	20	401	153	157	159	469	92	49	22	163	1033

附注：先修班学生已报到39名未列表内（载《国立安徽大学校刊》第一期）

1946年9月30日，教育部正式任命陶因为国立安徽大学校长。这年11月6日，陶因启用“国立安徽大学关防”（校印）和校长印鉴，正式视事，筹委会随之解散。11月11日，国立安徽大学隆重举行成立大会暨开学典礼，这一天，被定为国立安徽大学复校纪念日。

陶　因

陶因（1894—1952），安徽舒城县人。17岁赴日本留学，毕业于日本帝国大学。系经济学泰斗之一，有“南陶（陶因）北马（马寅初）”之称。曾任安徽大学教授、法学院院长，武汉大学经济学系教授，国立安徽大学校长。

国立安徽大学复校后，为保证教学需要，学校一面派人到京沪等地购买新书杂志，一面派人到桐城等地收购古旧书籍。经多方努力，到1948年7月，学校共有中外图书56 688册，杂志15 312册。但由于原省立安徽大学的仪器设备未能收回，教学经费又十分缺乏，所以，国立安徽大学的仪器设备不敷应用，仅能满足低年级的教学需要。

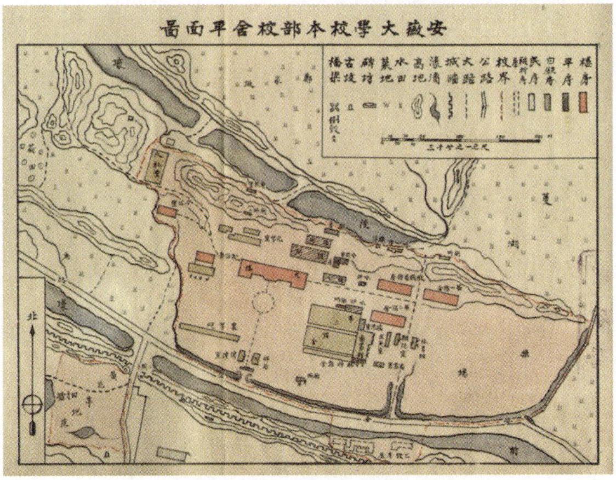

安徽大学校本部校舍平面图

国立安徽大学对教职员及眷属的住宅，筹划周详，除在城内平安岭新建教授宿舍三幢，购置三牌楼“来安旅馆”三层西式洋楼一座，任家坡太史第平房及天台里旧琼林宾馆平房各数十间，还租赁民房数百间，以供教职员住用。

1949年1月，南京国民党政府摇摇欲坠，教育部强令安徽大学迁校。校方决定在江西泰和设立分校，以便南迁。但广大师生员工坚决反对。3月底，人民解放军包围了安庆城。在校务维护会的领导下，广大师生工友，阻止了国民党败军的抢劫破坏，胜利地迎来了安庆解放。6月底，南京市军管会派首席军代表靳树鸿、副代表黎洪模及联络员郑玉林、徐静斐4人到安庆接管国立安徽大学。7月中旬，长江洪水泛滥，安庆广济圩溃破，学校被淹无法开学达三个月之久。10月，奉中共华东局文教部令，将学校迁至芜湖，与安徽学院合并。12月4日，迁移完毕，新的安徽大学从此诞生。

靳树鸿与许杰合影

四、安徽大学(1949年12月至1954年8月)

1949年10月，华东局及南京军管会高教处决定将国立安徽大学与安徽学院合并改组，建立新的安徽大学，校址设于芜湖赭山。

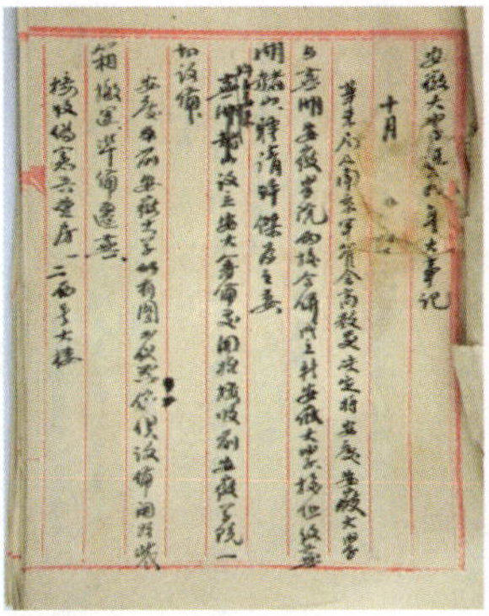

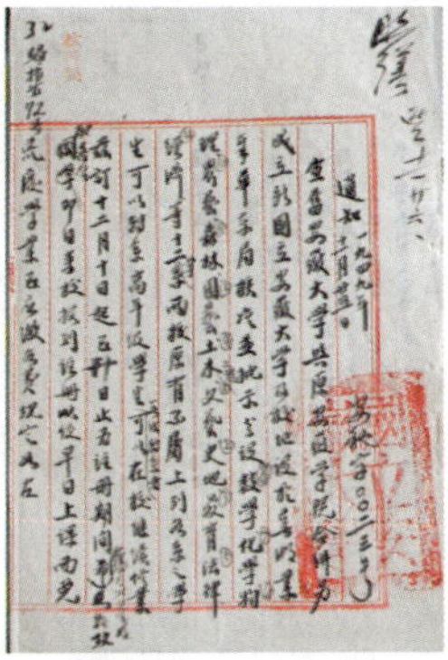

左：安徽大学1949年大事记；
右：国立安徽大学与安徽学院合并成立安徽大学的通知

1949年12月12日，安徽大学校务委员会正式成立，许杰同志为校务委员会主任委员。

许　杰

许杰（1901—1989），安徽广德人，地质学家，我国笔石古生物学和生物地层学的奠基人。曾任中央研究院接管组组长，安徽大学校务委员会主任委员、校长，安徽省副省长、民盟主委，中国民盟第二、三、四、五届中央常委，第一至六届全国人大代表，第五、六届全国人大常委会委员，中国地质科学院院长，地质部副部长等职。

欢送靳树鸿军代表合影

安徽大学属中共皖南区党委领导，南京军管会军代表直接参与管理，他们遵照毛泽东“有步骤地、谨慎地进行旧有学校教育事业和旧有文化事业的改革工作”的指示，对学校进行了一系列的改造和整顿工作。

靳树鸿离职之后，芜湖军管会派王郁昭担任军代表。

王郁昭

王郁昭（1926—2016），山东文登人。1951年3月受中国人民解放军芜湖军管会负责人、市长江靖宇的指令，任安徽大学军代表、中共安徽大学党支部书记。1970年后历任全椒县委书记、滁州地委副书记、书记，安徽省委副书记、省长，中央农村政策研究室副主任、国务院发展研究中心副主任、全国政协常委、中国扶贫基金会会长等职，中共第十二届中央候补委员。

中共安徽省委为加强党对高等学校的领导，于1952年5月，决定项南、戈华、方向明、郑英年四位同志组成学校党委会，并以项南同志为书记，领导“三反”和思想改造运动。

项　南

项南（1919—1997），福建连城人。曾在大后方做抗日宣传工作，后转入新四军。先后担任区委书记、县委宣传部部长、专署建设处长、县委书记，安徽团省委书记，安徽大学党委书记，华东局团工委书记，团中央书记处书记，福建省委书记，中央扶贫基金会会长。

国立安徽大学迁芜湖时共有文、法、理、农四个学院。学校设有政治教育委员会和文艺（内分中文、外语、艺术三组）、历史、教育、法律、经济、数学、物理、化学、农艺、园艺、森林、土木十二个系。另外还办了中文、历史等九个师资速成班。1950年7月，土木系和艺术组并入南京大学。期间，学校创办了校刊《安大生活》，该刊于1951年9月23日改名为《人民安大》。

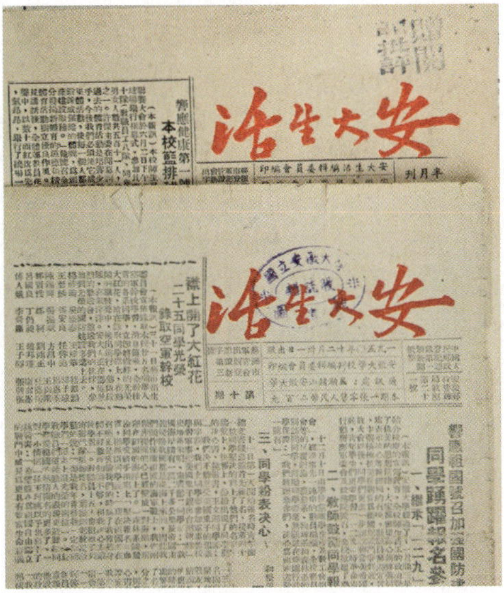

校刊《安大生活》

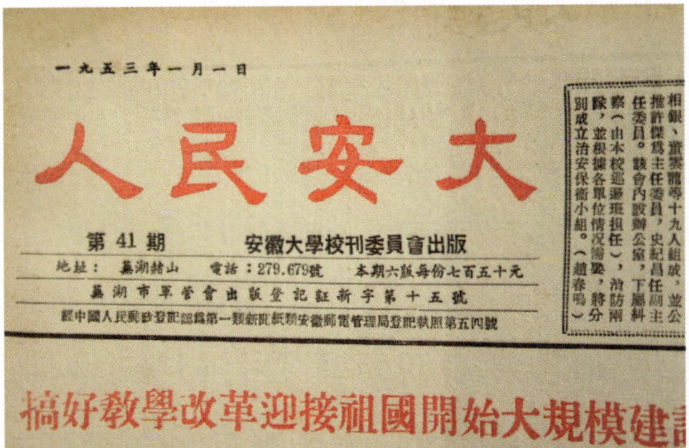

校刊《人民安大》

1952年9月，依据“华东地区高等学校院系调整方案”及各项规定，学校前后历经三次院系调整，改变了安徽大学的系科设置结构，由原来文、理、农、工学科专业齐全的全国性综合大学，变成只有农林、文、理师范类综合专业的省属大学。

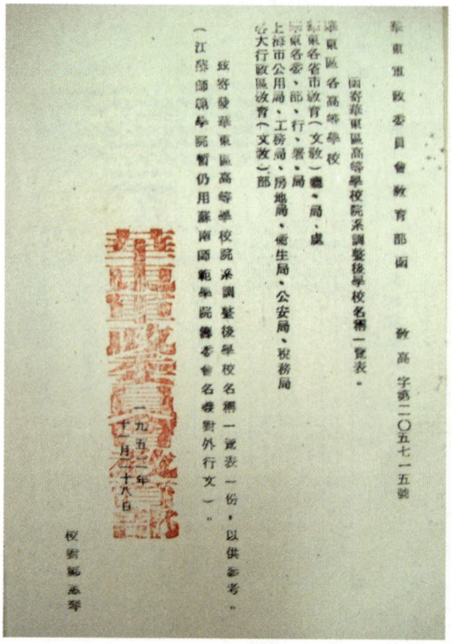

華東軍政委員會教育部函　教高字第二〇五七一五號

函寄華東區高等學校院系調整後學校名稱一覽表。

華東區各高等學校
華東區各省市政府(文教)廳、局、處
華東區各委、部、行、署、局
上海市公用局、工務局、房地局、衛生局、公安局、稅務局
各大行政區教育(文教)部

茲寄發華東區高等學校院系調整後學校名稱一覽表一份，以供參考。

(江蘇師範學院暫仍用蘇南師範學院舊名義對外行文)。

一九五二年十一月二十八日

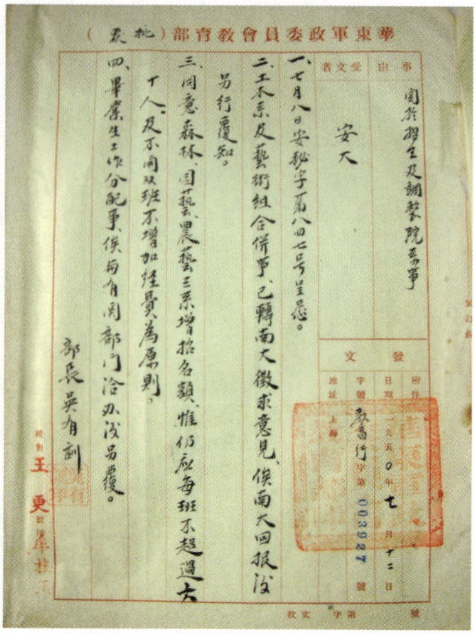

華東軍政委員會教育部(批复)

事由：關於招生及調整院系事

受文者：安大

一、七月八日安秘字第八四七號呈悉。

二、土木系及藝術組合併事，已轉南大徵求意見，俟南大回报後另行覆知。

三、同意森林、園藝、農藝三系增招名額，惟仍應每班不超過六十人，及不開双班不增加經費為原則。

四、畢業生工作分配事，俟與有關部門洽办後另覆。

部長 吴有訓

發文 日期 一九五〇年七月十二日 字號 教高行字第003927號 地址 上海

华东军政委员会教育部(批复)《关于招生及调整院系事》

1953年5月，中央人民政府高等教育部研究并报政务院批准，决定取消安徽大学，其师范学院、农学院分别独立为安徽师范学院、安徽农学院。

1954年8月，安徽大学的师范学院和农学院分别建院。“安徽大学”时期的历史到此告一段落。但安徽大学的重要主体即文、理各学科仍根植在芜湖赭山南麓，一脉相承地继续办学、发展。

五、安徽师范学院(1954年8月至1960年5月)

方向明

1954年8月，安徽农学院迁往合肥，建立安徽农学院。安徽大学改名为安徽师范学院，实行院长负责制，方向明任党委书记兼院长。

方向明(1909—1999)，又名方彬，安徽太平县人，祖籍桐城。中共八大代表。曾担任

中共安徽省青阳县委书记，山东大学党总支书记，安徽师专校长，安徽省教育厅第一副厅长、省文办副主任，安徽大学校务委员会副主任、副校长，安徽师范学院副院长、院长、党委书记，安徽大学副校长等职。

1954年12月学院成立了院务委员会。院务委员会由院长、副院长、教务长、副教务长、总务长、副总务长、人事科主任以及附设速成中学校长及党、团、工代表各1人组成。学院还成立了教学设备管理委员会、“劳卫制”预备级推行委员会、福利委员会、助学金审查委员会、教学改革委员会、图书管理委员会。

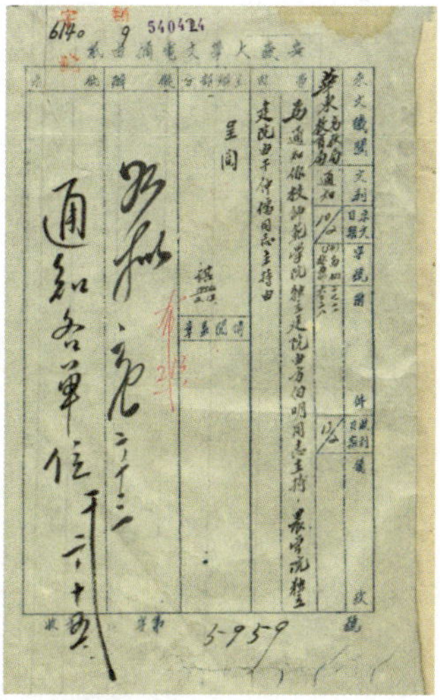

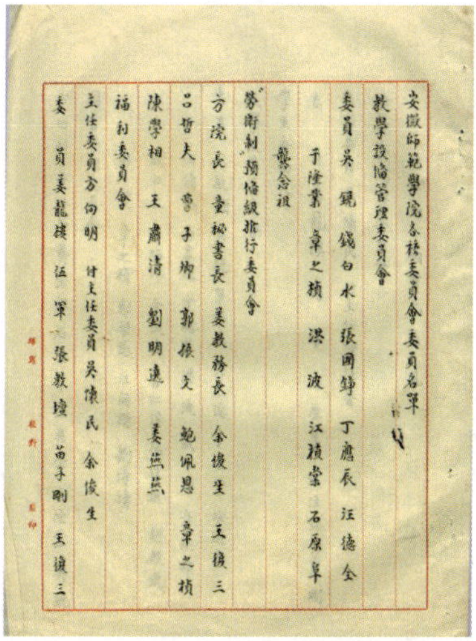
安徽師範學院各種委員會委員名單
教學設備管理委員會
委員 吳銳 錢白水 張國錚 丁鷹辰 汪德全
于潼棠 章之楨 洪波 江禎棠 石原皋
"勞衛制"預備級推行委員會
方院長 童秘書長 姜教務長 余俊生 王挹三
呂哲夫 曹子卿 郭振文 鮑佩恩 章之楨
陳學相 王肅清 劉明遠 姜燕燕
福利委員會
主任委員方向明 付主任委員吳懷民 余俊生
委員 姜龍樵 汪軍 張敦瓊 苗子剛 王挹三

左：华东高教局、教育局《通知》；右：安徽师范学院各委员会委员名单

安徽师范学院建院之初，设有五系、八科、六室。五系是中文、历史、数学、物理、化学，学制四年；八科是中文、历史、数学、物理、化学、生物、地理、艺术，学制二年；五室是马列主义教研室、教育学教研室、心理学教研室、体育教研室和俄语教研室。1956年又设立了函授教育部和科学研究部机构。同年增设俄语科。1957年增设地理科和体育科。另有附师、附中、速

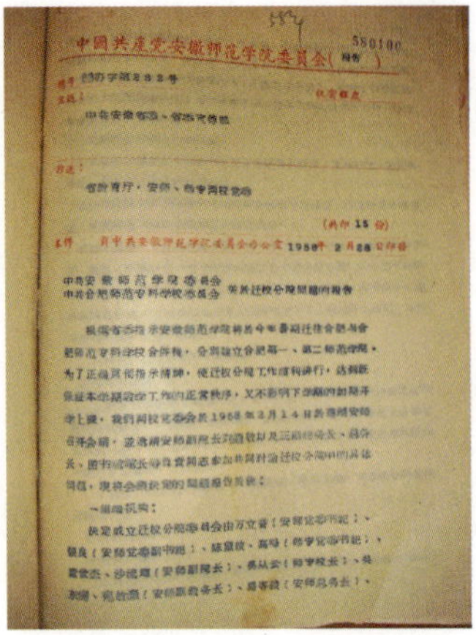
中國共產党安徽师范学院委員会

580100

中共安徽师范学院委员会、
中共合肥师范专科学校委员会
《关于迁校分院问题的报告》

成中学、附小4个附属单位。

1958年7月，遵照省委决定，安徽师范学院的中文系、历史系、外语系的一部分师生迁往合肥，并入合肥师范学院。学院下设中文、历史、数学、物理、地理、生物6个系科及马列主义教研室、教育学科教研室、体育教研室。

1959年7月，安徽省委决定进行第二次院系调整，安徽师范学院的中文、历史、地理三系全部师生迁往合肥并入合肥师范学院。

1959年安徽师范学院召开第一次全体党员大会，万立誉代表院党委作工作报告，号召全校教职工加强团结，鼓足干劲，千方百计地提高教学质量，大搞科学研究，力争提前实现三年跃进规划。

万立誉（1917—1990），江苏省金湖县人。历任江苏省淮宝、泗南县副县长、县长、县委副书记、书记，蚌埠市副市长、市长，安徽省委办公厅副主任、省委统战部副部长，安徽师范学院党委书记、皖南大学党委书记，徽州地委书记，安徽省委统战部副部长、省文教部副部长、合肥工业大学党委书记。

万立誉

安徽师范学院师资队伍雄厚。据安徽省统计局《一九五七年安徽省文教卫生事业统计资料》，安徽师范学院教师总数为438人，占当时全省五所本科高校（安徽医学院、安徽农学院、合肥矿业学院、安徽师范学院、合肥师范专科学校）教师数量的

33.4%，人数最多，结构最优。

1960年3月，安徽师范学院更名为皖南大学。5月3日，皖南大学召开了新校名命名大会。

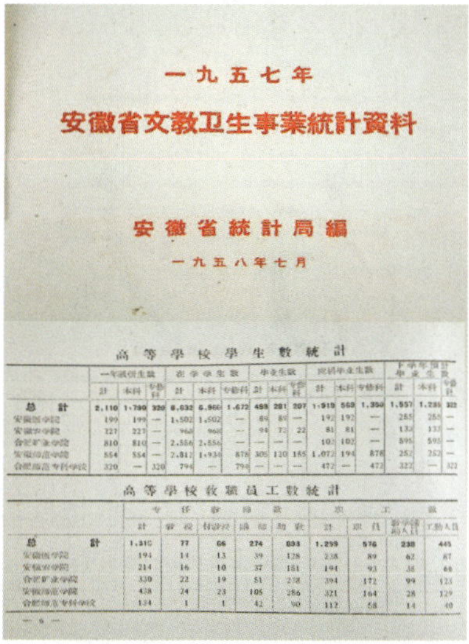

一九五七年

安徽省文教卫生事業統計資料

安徽省統計局編

一九五八年七月

高等學校學生數統計

	一年級新生數			在學學生數			畢業生數			歷屆畢業生數			下學年預計畢業生數		
	計	本科	专修科	計	本科	专修科	計	本科	专修科	計	本科	专修科	計	本科	专修科
总計	2,110	1,790	320	8,632	6,960	1,672	488	281	207	1,919	569	1,350	1,557	1,235	322
安徽医学院	199	199	—	1,502	1,502	—	89	89	—	192	192	—	255	255	—
安徽农学院	227	227	—	968	968	—	94	72	22	81	81	—	133	133	—
合肥矿业学院	810	810	—	2,556	2,556	—	—	—	—	102	102	—	595	595	—
安徽师范学院	554	554	—	2,812	1,934	878	305	120	185	1,072	194	878	252	252	—
合肥师范专科学校	320	—	320	794	—	794	—	—	—	472	—	472	322	—	322

高等學校教職員工數統計

	专任教师數					職工數			
	計	教授	副教授	講師	助教	計	職員	教学辅助人員	工勤人員
总計	1,310	77	66	274	893	1,259	576	238	445
安徽医学院	194	14	13	39	128	238	89	62	87
安徽农学院	214	16	10	37	151	194	93	38	66
合肥矿业学院	330	22	19	51	238	394	172	99	123
安徽师范学院	438	24	23	105	286	321	164	28	129
合肥师范专科学校	134	1	1	42	90	112	58	14	40

— 6 —

1957年安徽省文教卫生事业统计资料

六、皖南大学(1960年5月至1968年8月)

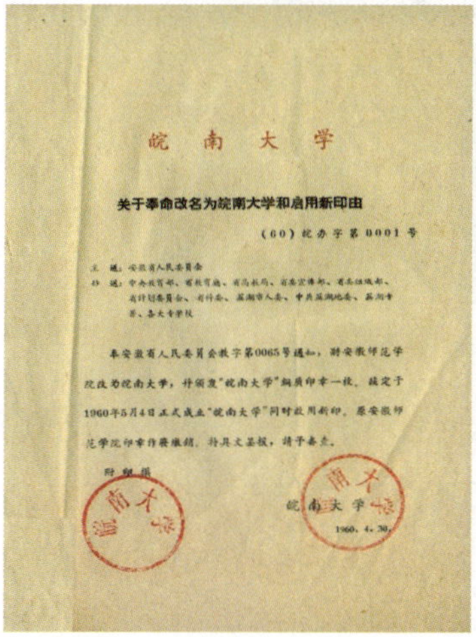

皖南大学

关于奉命改名为皖南大学和启用新印由

(60)皖办字第0001号

主送：安徽省人民委员会

抄送：中央教育部、省教育厅、省高教局、省委宣传部、省委组织部、省计划委员会、省科委、芜湖市人委、中共芜湖地委、芜湖专署、各大专学校

奉安徽省人民委员会教字第0065号通知，将安徽师范学院改为皖南大学，并颁发"皖南大学"铜质印章一枚。兹定于1960年5月4日正式成立"皖南大学"同时启用新印。原安徽师范学院印章作废缴销。特具文呈报，请予备查。

附印模

皖南大学

1960.4.30.

左：皖南大学《关于奉命改名为皖南大学和启用新印由》；
右：胡耀邦1960年3月28日参观皖南大学跃进展览馆并题词

1958年10月17日,中共芜湖地委和安徽师范学院党委联合向安徽省委报告,拟将安徽师范学院更改为综合性的皖南大学。这年3月,胡耀邦来校视察,写下了“鼓足干劲,又红又专,敢想敢干,冲向尖端”题词。10月21日,刘少奇到芜湖视察,时任安徽师范学院党委书记万立誉请他题写了“皖南大学”校名。

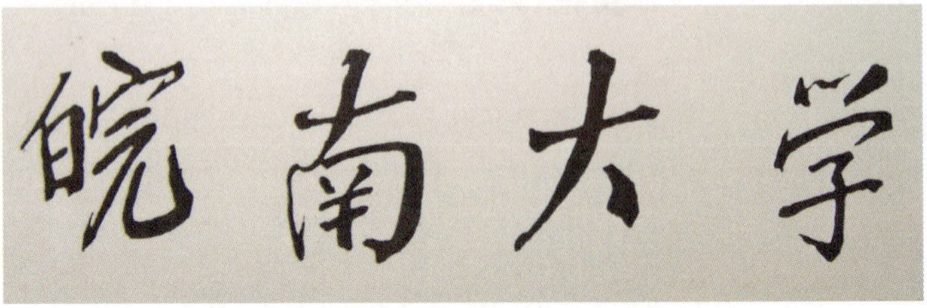

1958年10月刘少奇为皖南大学题写的校名

1960年3月,经教育部批准,安徽师范学院更名为皖南大学。5月3日全校师生员工隆重召开新校名命名大会,万立誉主持大会并庄严宣布皖南大学正式定名。

1960年5月皖南大学成立大会上学生接受检阅

1960年3月8日,安徽省人民委员会《关于将安徽师范学院改为皖南大学的通知》指出:“该校改校后的任务,仍应以培养师资为主,逐步建立其他方面的科系和专业,培养其他方面所需的专业人才。”

1960年9月,皖南大学艺术科和安徽艺术学校合并成立安徽艺术学院。体育科与安徽体校合并,成立安徽体育学院。不久艺术学院、体育学院相继撤销，艺术学院专业并入合肥师范学院为艺术系，体育学院专业并入皖南大学为体育系。

1960年12月，皖南大学第一届校务委员会成立。1964年1月，万立誉同志调离学校任徽州地委书记，陈韧接任党委书记一职。

陈韧（1919—2001），安徽临泉人。先后担任鄂豫陕边区和豫皖苏边区科长、干部团团长、县长、县委书记，东南医学院副院长、党委书记、院长，皖南大学党委书记，安徽医学院党委书记，皖南大学党委书记、校长，安徽省高教局局长、党组书记等职。

陈　韧

从1961年下半年开始，学校开始学习贯彻《中华人民共和国教育部直属高等学校暂行工作条例（草案）》，简称高教60条。通过学习，以教学为主的办学理念得以确立。

在教学组织方面，1962年新建立了外语系。1963年省委决定将安徽教育学院改为轮训教育行政干部和高中教师的学校，将教育学院的数学、物理两系并入皖南大学。

学校开展“四清”（清政治、清经济、清组织、清思想）运动是从1963年4月底开始的，到1965年7月初结束，历时两年零两个月。

皖南大学是一所以理科为主的师范性大学，设有数学、物理、化学、生物、外语、体育六个系，学制为四年。此外，还设有化学、生物、体育三个专修科，学制二年。自1960年到1968年，共毕业学生6 400人，其中本科生5 603人，专科生797人。

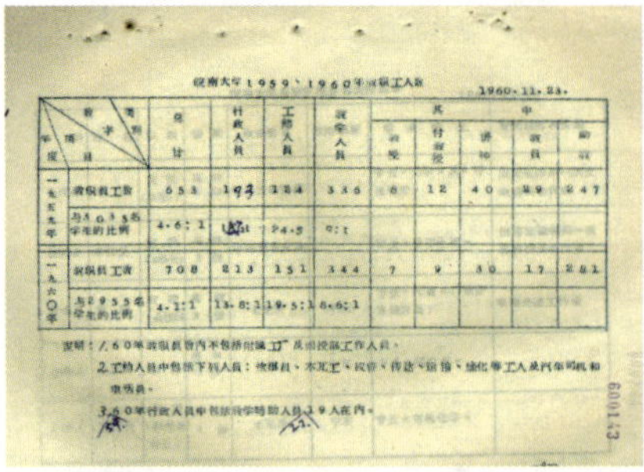
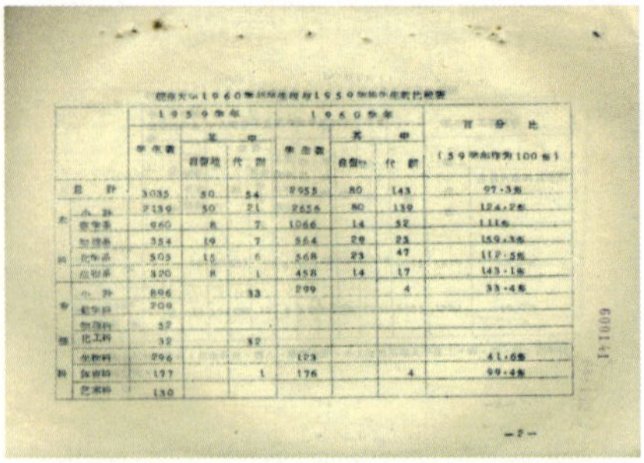
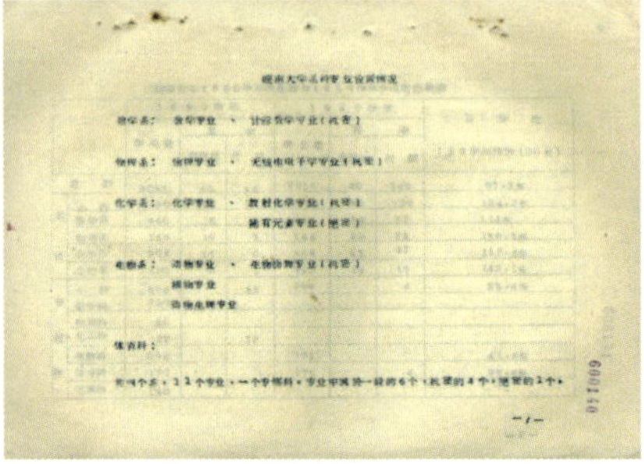
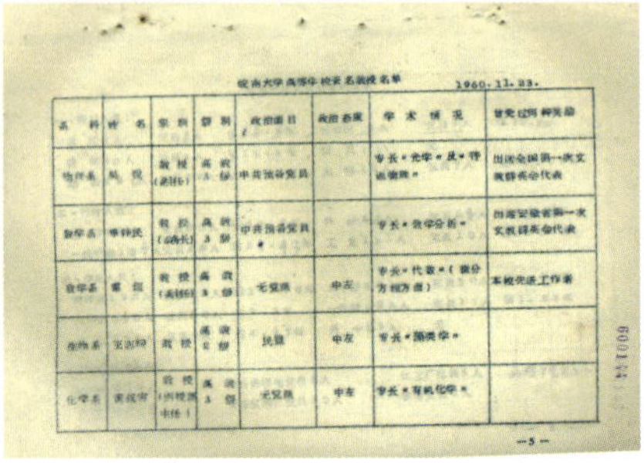

皖南大学1959—1960年教职工人数、皖南大学高等学校著名教授名单等

七、安徽工农大学(1968年8月至1972年12月)

1968年8月,皖南大学革命委员会成立,杨锦华为主任。“皖南大学”校牌因系刘少奇题写被砸烂。1968年9月11日,皖南大学革命委员会报省革命委员会批准,将校名“皖南大学”改为“安徽工农大学”。

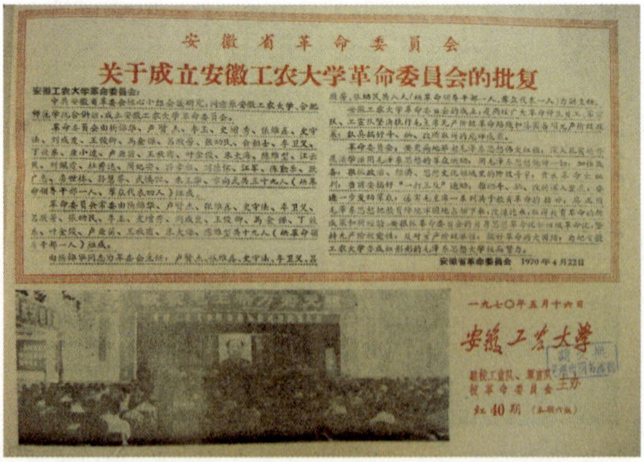

安徽省革命委员会《关于成立安徽工农大学革命委员会的批复》

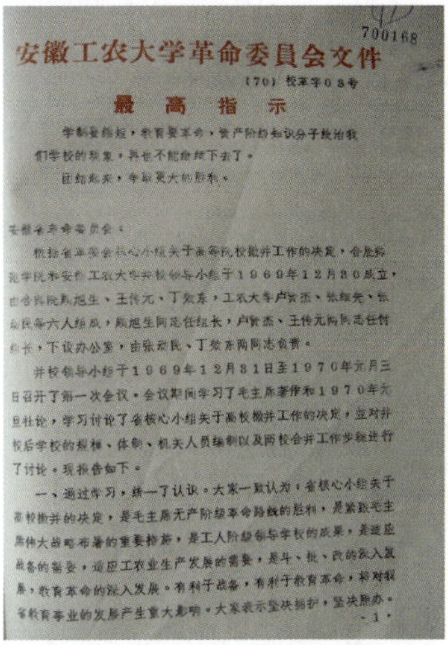

700168

安徽工农大学革命委员会文件

(70) 校革字08号

最高指示

学制要缩短，教育要革命，资产阶级知识分子统治我们学校的现象，再也不能继续下去了。

团结起来，争取更大的胜利。

安徽省革命委员会：

根据省革委会核心小组关于高等院校撤并工作的决定，合肥师范学院和安徽工农大学并校领导小组于1969年12月30成立，由合师院马旭生、王传元、丁贺东，工农大学卢贤杰、张辉先、张如民等六人组成，马旭生同志任组长，卢贤杰、王传元两同志任副组长，下设办公室，由张如民、丁贺东两同志负责。

并校领导小组于1969年12月31日至1970年元月三日召开了第一次会议。会议期间学习了毛主席著作和1970年元旦社论，学习讨论了省核心小组关于高校撤并工作的决定，並对并校后学校的规模、体制、机关人员编制以及两校合并工作步骤进行了讨论。现报告如下。

一、通过学习，统一了认识。大家一致认为：省核心小组关于高校撤并的决定，是毛主席无产阶级革命路线的胜利，是紧跟毛主席伟大战略布署的重要措施，是工人阶级领导学校的成果，是适应战备的需要，适应工农业生产发展的需要，是斗、批、改的深入发展，教育革命的深入发展。有利于战备，有利于教育革命，将对我省教育事业的发展产生重大影响。大家表示坚决拥护，坚决照办。

·1·

安徽工农大学革命委员会文件
(70)校革字08号

1969年初，国务院教科组决定将中国科技大学从北京迁至合肥。安徽省委决定将合肥师范学院并入安徽工农大学，将合肥师范学院的校园全部让给中国科技大学办学。

遵照省委决定，1970年2月至7月，合肥师范学院的中文、历史、艺术、地理四系及党政机关成建制迁往芜湖，与安徽工农大学合并；外语系并入安徽大学；政教系和印刷厂并入地处宣城的安徽劳动大学。

合肥师范学院于1958年6月经中央教育部批准在原合肥师范专科学校的基础上扩建而成。合肥师专前身为安徽省中学教师进修学院，1956年7月更名为合肥师专。1957年4月安徽省委决定在合肥增办合肥大学和合肥师范学院。遵照省委决定，1957年、1959年安徽师院的中文、历史、地理三系全部师生迁往合肥，并入合肥师范学院，合肥师院的数学、物理、生物三系迁往芜湖并入安徽师范学院。合肥师范学院自1958年建院到1969年底合并，前后共毕业学生7 428人。

合肥师范学院校园

安徽工农大学与合肥师范学院合并后，于1970年4月22日成立了新的安徽工农大学革命委员会、校革委会党的核心小组，组长为杨锦华，副组长为芦贤杰。12月15日，中共安徽工农大学第三次代表大会召开，成立了中共安徽工农大学委员会。

中国共产党安徽工农大学第三次代表大会代表合影

学校招收的首届工农兵学员，实行的是从“有经验的工、农、兵”中，通过“自愿报名，群众推荐，领导批准，学校复审”的制度和程序选拔的。工农兵学员进校后，使停止了多年的教学、教育工作重新上马。

1971年5月安徽工农大学首届田径运动会学生军事表演

学校科研工作也启动起来了，数学、物理、化学、生物等系组织了教师、工农兵学员和工人三结合的科研小组，积极进行科学研究。物理系科研小组主要研究“多晶硅”；化学系科研小组主要研究“除草醚”；生物系科研小组主要研究“春雷霉系”农药等。

安徽工农大学是师范性质的大学，但校名不能反映师范性质，在招生和学员思想上往往造成错觉，对外联系也不方便。

鉴于此，学校于1972年12月经安徽省委批准将安徽工农大学更名为安徽师范大学。

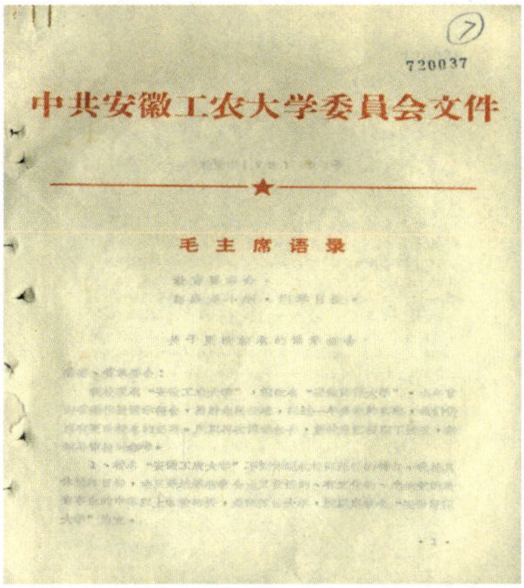
720037

中共安徽工农大学委员会文件

毛主席语录

关于更改校名的请示报告

八、安徽师范大学(1972年12月至今)

1971年12月25日，安徽工农大学革委会向安徽省委报告，拟将安徽工农大学改名为安徽师范大学。1972年12月25日，经安徽省委研究审定并报国务院批准，安徽工农大学更名为安徽师范大学。1973年4月，郭沫若同志题写了校名。

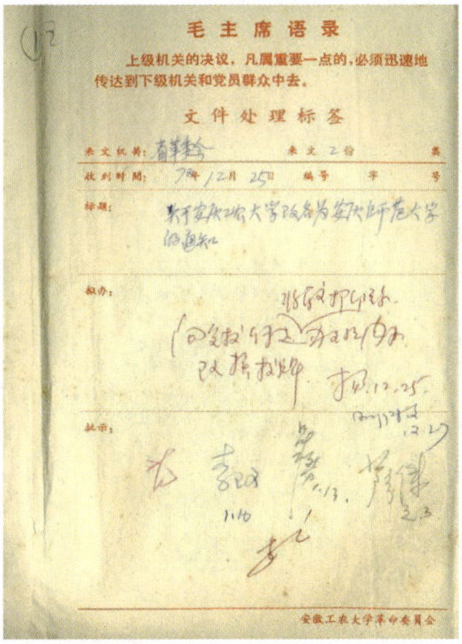
毛主席语录

上级机关的决议，凡属重要一点的，必须迅速地传达到下级机关和党员群众中去。

文件处理标签

来文机关：省革委会　来文2份

收到时间：72年12月25日　编号　字　号

标题：关于安徽工农大学改名为安徽师范大学的通知

拟办：

批示：

安徽工农大学革命委员会

省革委会1972年12月25日
《关于安徽工农大学改名为安徽师范大学的通知》

安徽师范大学是安徽高等教育的母体和基础教育的母机。20世纪70年代初，从这里折枝成林生成很多所高校。1974年5月，根据我省教育事业发展的迫切需要，省委决定进一步发挥学校教育事业的母机作用，创办安徽师范大学阜阳分校、六安分校。9月，又批准设立安徽师范大学淮北分校。自1977年11月起，经安徽省委批准，又在全省陆续设立了安徽师范大学安庆教学点、六安教学点、滁县教学点、巢湖师专班、淮南专科班、马鞍山市专科班、宿州专科班、徽州专科学校、池州专科学校、铜陵专科学校等十多个教学点。当年安徽师范大学的这些分校或教学点，现在都独立建制并发展成为安徽省属的本科学院。

1977年10月，国务院批转教育部《关于一九七七年高等学校招生工作的意见》，决定在当年第四季度开始恢复高考。学校教学工作从此走上正轨。1978年2月，恢复高考招生制度后的首届1977级1 091名本科学生入学。1980年6月，教育部召开全国师范教育会议，决定每省选一所高校与全国重点大学一起列入第一批次招生，安徽师范大学在省属高校中为唯一一所第一批次招生录取的高校。

2002年8月，学校在省、市领导的支持下，决定在芜湖市城南高教园区建设新校区，并向安徽省教育厅呈送了《关于学校征地建设新校区的请示》。2002年10月14日，省教育厅同意学校新征土地2 400亩建设新校区。新校区的建成，与老校区共同构成了功能互补、资源共享的校园体系。

新校区建设开工典礼暨奠基仪式

2004年2月，根据省教育厅《转发教育部关于对安徽省普通高等学校举办的独立学院予以确认的通知》精神，学校获准建立独立学院。安徽师范大学皖江学院随即创办，皖江学院按新机制、新模式办学，学院实行董事会领导下的院长负责制，学院的招生属普通高校计划内招生。

皖江学院以“厚德、开物、自强”为院训，倡导“诚信、勤奋、团结、博爱”的价值观，聚焦课程体系和教学内容改革，注重培养“明明德、厚基础、强技能”的应用技术型人才，为增强学校的整体发展实力作出了积极的贡献。

2005年5月，教育部下文“同意芜湖师范专科学校并入安徽师范大学，同时撤销芜湖师范专科学校的建制”。并入后的“芜湖师范专科学校”校址承担着“安徽师范大学北校区”“安徽师范大学专科部”“安徽师范大学皖江学院”的办学任务。其校区为安徽师范大学皖江学院校区。从2005年起专科部暂停招生，皖江学院新生入住。

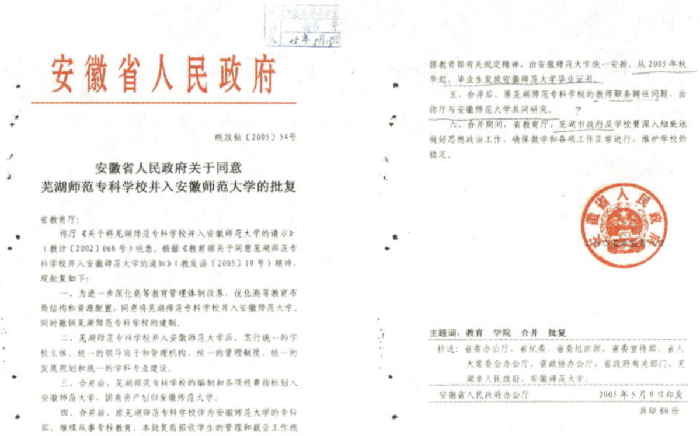

安徽省人民政府

皖政秘〔2005〕54号

安徽省人民政府关于同意
芜湖师范专科学校并入安徽师范大学的批复

省教育厅：

你厅《关于将芜湖师范专科学校并入安徽师范大学的请示》（教计〔2002〕068号）收悉。根据《教育部关于同意芜湖师范专科学校并入安徽师范大学的通知》（教发函〔2005〕19号）精神，现批复如下：

一、为进一步深化高等教育管理体制改革，优化高等教育布局结构和资源配置，同意将芜湖师范专科学校并入安徽师范大学，同时撤销芜湖师范专科学校的建制。

二、芜湖师范专科学校并入安徽师范大学后，实行统一的学校主体，统一的领导班子和管理机构，统一的管理制度，统一的发展规划和统一的学科专业建设。

三、合并后，芜湖师范专科学校的编制和各项经费指标划入安徽师范大学，国有资产划归安徽师范大学。

四、合并后，原芜湖师范专科学校作为安徽师范大学的专科部，继续从事专科教育。本批复前招收学生的管理和就业工作根据教育部有关规定精神，由安徽师范大学统一安排。从2005年秋季起，毕业生发放安徽师范大学毕业证书。

五、合并后，原芜湖师范专科学校的教师职务聘任问题，由你厅与安徽师范大学共同研究。

六、合并期间，省教育厅、芜湖市政府及学校要深入细致地做好思想政治工作，确保教学和各项工作正常进行，维护学校的稳定。

主题词：教育　学院　合并　批复

抄送：省委办公厅，省纪委，省委组织部，省委宣传部，省人大常委会办公厅，省政协办公厅，省政府有关部门，芜湖市人民政府，安徽师范大学。

安徽省人民政府办公厅　2005年5月9日印发

共印80份

2005年6月2日，学校举行芜湖师范专科学校并入安徽师范大学大会暨揭牌仪式，时任安徽省委常委、芜湖市委书记詹夏来，省委教育工委书记、教育厅厅长陈贤忠等出席揭牌仪式。

芜湖师专并入安徽师范大学大会暨揭牌仪式

芜湖师专并入后，学校的办学规模进一步扩大，学校形成一校三区的局面。

赭山校区

花津校区

天门山校区

学校是安徽省人民政府与教育部共建高校、安徽省委省政府优先建设的省属重点综合性大学和安徽省特色高水平大学重点建设高校，入选全国重点马克思主义学院（安徽省唯一）、全国首批省委宣传部与学校共建新闻学院试点单位，荣获第二届“全国文明校园”称号。拥有教育部高校思想政治工作队伍培训中心、国家语言文字推广基地、教育部全国普通高校中华优秀传统文化传承基地、教育部中小学骨干教师国家级培训基地、全国智慧教学示范基地、全国高校毕业生就业能力培训基地、全国“青年马克思主义者培养工程”研究培训基地、全国卓越中学教师培养计划、教育部体育美育浸润行动计划、国家社会工作专业人才培训基地、国家社会体育指导员培训基地、国家体育总局安徽省特种行业职业技能培训基地、国家体育总局文化研究基地、国家体育总局足球D级教练员培训考试基地、国家级大学生理科实践教育基地、全国社会组织教育培训基地、安徽省高校师资培训中心等社会服务平台。

近年来，学校高举习近平新时代中国特色社会主义思想伟大旗帜，围绕教育强国、教育强省建设，抢抓长三角一体化发展战略机遇，秉承“特色、开放、创新”的办学理念，大力实施“大学生护航”“学科振兴”“基础教育振兴”三大行动计划，踔厉奋发、勇毅前行，知重负重、实干苦干，奋力朝着国内一流、特色鲜明的高水平大学建设目标加速迈进，努力为现代化美好安徽和中国式现代化建设贡献安徽师大的智慧和力量。

第二节　名师风范　后学楷模

北京大学老校长蔡元培曾说："大学者，囊括大典，网罗众家之学府也。"清华大学老校长梅贻琦指出："大学者，非谓有大楼之谓也，大师之谓也。"在安徽师范大学九十年办学过程中，有一大批筚路蓝缕、披荆斩棘的先驱和呕心沥血、殚精竭虑的大师为学校的奠基和发展做出了不可磨灭的贡献。这些先贤们百年积淀的精神风范，是学校挖之不竭的宝贵资源和精神财富。由于篇幅有限，这里仅介绍其中的22位名师（前面已有专文介绍过的，这里不再重复）。

化学家丁绪贤

丁绪贤

丁绪贤（1885—1978），安徽阜阳人，化学家。1909—1916年就读于伦敦大学化学系。曾任省立安徽大学（安徽师范大学前身）校务委员、理学院院长、化学系主任，东吴大学理学院院长，浙江大学教授。1912年前后，在英国留学期间与王星拱、石瑛等人发起成立中国科学社。1917年春，与吴兴仁等在北京高等师范学校发起成立了理化学会，并创办了科学刊物《理化杂志》。1919年在《北京大学月刊》创刊号发表

《有机化学史》长篇译作，首次介绍有机化学这门19世纪新兴学科的发展史，创译许多化学史专有名词，是中国化学史的先驱之一。1925年出版著作《化学史通考》，这是我国第一部具有学术价值的化学史专著。他还是我国半微量定性分析化学的倡导者和革新者之一，译有《半微定性分析》和《试验金属及酸根用有机试剂》。

政治学家张慰慈

张慰慈

张慰慈（1890—1976），江苏吴江人。1912年留学美国，1917年在美国爱荷华大学获得政治学博士学位。曾任北京大学、法政大学、东吴大学、中国公学政治学教授。1930年受聘于省立安徽大学法学院政治学教授，任校务会议委员、图书馆馆长。1932年后任铁道部参事兼南京中国政治学会干事、上海文史馆馆员等职。曾在《新青年》《每周评论》《努力周报》《东方杂志》等重要刊物发表了大量时政文章和研究论文，出版了《英国选举制度史》《政治学大纲》《政治概论》《英国政府纲要》《市政制度》等著作，其中《政治概论》《市政制度》由胡适作序。他在出任安徽大学教授时，重新修改出版了《政治学大纲》，同时出版了《宪法》和《政治制度浅说》。同年，翻译了英国政治学家詹姆斯·布赖斯的《现代民治政体》。他是五四时期重要的思想家，中国现代政治学研究的开拓者，在中国政治学史上具有重要的学术地位。

修辞学家陈望道

陈望道

陈望道（1891—1977），浙江义乌人，中国著名教育家、修辞学家、语言学家。早年留学日本，毕业于日本中央大学法科，获法学学士学位。回国后积极提倡新文化运动，任《新青年》编辑，翻译出版了《共产党宣言》第一个中文全译本。1933年应省立安徽大学校长程演生邀请，应聘到安庆任教“普罗文学”。他积极参加指导学生社团活动、为师生举办学术讲座，还在《文学》杂志上发表了《关于文学的诸问题》《日本文学家的水浒观》等文章。历任全国人大第四届常委，第三、第四届全国政协常委，民盟中央第三届副主席。曾当选为中国科学院哲学社会科学部委员，毕生从事进步语文运动和语文科学的教学研究，是我国现代修辞学的开拓者和奠基人，著有我国第一部修辞著作《修辞学发凡》，我国第一本简明美学理论著作《美学概论》，以及《文法简论》《艺术简论》等著作。

教育学家周辛

周　辛

周辛（1891—1966），原名周廷珍，号葆儒，浙江海盐人。现代知名的教育学家、乡村教育和社会教育运动的倡导者和践行者，20世纪早期倡导并实践“教育救国”的代表人物之一。1929年去英国爱丁堡大学教育研究班学习，1931年7月回国后至1949年先后在国立暨南大学、国立中山大学、江苏省立教育学院等高校担任教授。

中华人民共和国成立后，担任江苏教育学院副主任委员、教导主任及苏南文化教育学院副主任委员、教务长，苏南高教联秘书长，华东教育部高教处处长，安徽大学（安徽师范大学前身）专科部主任，合肥师范学院教育系主任、教育学科教研室主任、党支部书记，安徽省教育学会副主席、安徽省心理学会主席，中共安徽省第一届党代会代表、安徽省第三届人民代表大会代表等职。曾在各种教育杂志上发表有关社会教育、乡村教育、国民教育、民众教育、基础教育、比较教育等学术论文100余篇，专著8部，为我国教育事业献出了毕生精力。

植物学家王志稼

王志稼

王志稼（1895—1981），江苏苏州人，1895年出生，中国民主同盟盟员。1920年毕业于东吴大学生物系，1925年获美国芝加哥大学植物学硕士学位。曾任中央大学教授，光华大学教授、生物系主任。新中国成立后，历任复旦大学教授，华东师范大学教授，安徽师范大学教授、生物系主任，上海植物学会第一届主席，安徽省植物学会第一、二届理事长，第三届全国人大代表。在我国较早从事藻类学的研究，专于淡水藻类植物学，发现蓝藻与绿藻等新品种，著有《藻类植物》。

现代作家苏雪林

苏雪林（1897—1999），原名苏梅，字雪林，笔名绿漪，安徽太平人。30年代初，苏雪林曾被阿英称为“女性作家中最优秀的散文作者”。1930年7月，时任省立安徽大学校长杨亮功致函苏雪林，盛情邀请她来安大任教。苏雪林在安大中文系所授课程为《基本国文》《诗词选》。开学后不久，文学院院长程憬升任教务长，因行政事务过多，将自己《世界文化史》的课交由苏雪林来教。为了教好这门课，苏雪林付出了难以想象的努力：她裁宣纸装订了一本长27厘米，宽16厘米的备课笔记，每面用毛笔书写14行，约450字，共223面，凡10万言。尤为难能可贵的是，这本备课讲义，有她亲笔所绘中外出土文物、古建筑遗存、木乃伊制作等写真图188幅。虽然已经过去了八十余年，打开仍弥散淡淡的墨香，飘逸流畅的行书，豪放的才情，扑面而来。

苏雪林

物理学家吴锐

吴锐（1899—1969），安徽桐城人，著名物理学家。1924年毕业于南京高等师范学校。1928年留学法国，曾在居里夫人实验室做研究工作。1931年获巴黎大学理学硕士学位。回国后曾任北平大学、中法大学教授。1937起，任内迁的北平大学、北平师范大学等合并成立的西北大学教授。1944年10月，被选为中国物理学会西北区分会总务理事。1949年任安徽大学物理系主任，曾研制成迈克尔逊干涉仪。历任安徽师范学院、皖南大学、安徽师范大学教授兼物理系主任。1953年成立中国物理学会芜湖分会，任理事会主任。

吴 锐

化学家黄叔寅

黄叔寅

黄叔寅（1902—1961），江苏宜兴人，化学家。1926—1930年在法国巴黎大学学习，获化学博士学位。1930—1931年任中央研究院化学研究所研究员；1931—1946年任武汉大学化学教授、化学系主任；1946—1956年任安徽大学（安徽师范大学前身）理学院教授、化学系主任；1949年担任校务委员会委员、学校建设委员等职；1956—1961年任安徽师范学院（安徽师范大学前身）函授部主任。主要从事有机镁化物与氢氰酸等方向的研究。

现代诗人朱湘

朱　湘

朱湘（1904—1933），湖南省沅陵人，现代诗人，祖籍安徽省太湖县。朱湘性格倔强孤傲，刚直不阿，是中国现代诗坛重要诗人。他的著作除生前出版的三本诗集外，友人还将其遗稿整理编订成《石门集》《永言集》和《番石榴集》，以及文学评论集《文学闲谈》和散文集《中书集》。1929年，朱湘到省立安徽大学任教，任英文系主任，很快赢得了安大学生的爱戴与信任，受邀担任学生组织的晓风文学社导师，并在晓风文学社主办的《绿洲》周刊和《沙漠》月刊上发表文章。后因生活窘困，愤懑失望，于1933年12月5日在上海开往南京的客轮上投江去世，年仅30岁。

数学家单粹民

单粹民

单粹民(1904—1984),河南新蔡人,著名数学家和物理学家。1921年8月入法国里昂大学数理科学习。1925年加入国民党。1926年获硕士学位。“四·一二”反革命政变后,他公开发表声明脱离国民党。1928年入巴黎大学理学院和镭学院攻读博士学位,曾受到著名科学家居里夫人的盛赞。1930—1941年,先后在河南大学、安徽省立安徽大学、中华大学、重庆大学、复旦大学任教。1941年皖南事变后,痛斥蒋介石破坏抗日的罪行,遂遭国民党特务嫉恨,腿被特务打断。抗日战争胜利后,安徽省立安徽大学恢复招生,并改“省立”为“国立”,单粹民又重返学校任教。蒋介石发动内战后,单粹民竭力掩护营救学生,资助他们投奔解放区,并在1949年春主动组织护校会保护校产,积极协助人民政府做好学校的接管工作。编著有《微积分方程》《方程式论》《微分几何》《微积分学》《理论力学》《数学史》等讲义和教材。1959年被选为教育战线代表,赴北京出席庆祝中华人民共和国成立10周年大典。1960年任皖南大学(今安徽师范大学)教务长,并担任中国数学会理事、安徽省数学分会理事长。

语言学家张涤华

张涤华(1909—1992),原名张铸安,安徽凤台人。著名语言学家、目录学家、教育家。1937年毕业于武汉大学中文系。曾任安徽师范学院、合肥师范学院、安徽师范大学中文系主任,安徽师范大学语言研究所所长，中国语言学会常务理事，安徽省语言学会会长，安徽省哲学社会科学联合会副主席。系第三、五、六届全国人民代表大会代表，安徽省第六届人大常委会委员。1991年被国务院授予“有突出贡献专家”称号。1978年后担任“现代汉语”硕士研究生导师，执教长达六十余年。他早年从事目录学研究，中华人民共和国成立后因工作需要，主要致力于语言学研究，兼及中国古典文学。专著有《类书流别》《现代汉语(上)》《毛主席诗词小笺》《张涤华语文论稿》《古代诗文总集选介》，主编《现代汉语》《汉语语法修辞词典》《全唐诗大辞典(第一卷)》，担任大型工具书《汉语大词典》副主编。

张涤华

数学家雷垣

雷　垣

雷垣(1912—2002)，上海松江县人，现代数学家。高中毕业后考入上海音乐学院，是钢琴家傅聪的钢琴启蒙老师。1931年毕业于上海大同大学，1935年留学美国，在密歇根大学攻读数学，师从Rainich教授，主攻结合代数，经过两年多时间，完成论文 *The Imbedding of The Skew Part of A Bilinear Function In Linear Associative Algebras*，创造性地提出与过去完全不同的观点来对线性结合代数进行分类，并于1939年获得博士学位。回国后，在大同大学、震旦文理学院和上海交通大学等校任教授。1958年任合肥师范学院数学系教授兼系主任。1959年底出任合并后的皖南大学数学系主任。曾任安徽省数学会副理事长、《中学数学教学》杂志主编等职。

历史学家光仁洪

光仁洪

光仁洪(1918—1991),安徽桐城人,著名历史学家。1939年毕业于中央大学法律系,后留学美国。曾在国民党政府水利部就职以及上海法学院任教。历任安徽师范学院、合肥师范学院副教授、系主任,安徽师范大学教授。1954年加入农工民主党,先后任安徽省农工民主党常委兼宣传部部长、副主任委员、主任委员和中央候补委员、委员、常委、副主席等职。曾担任安徽省第五、六届政协副主席,全国国际关系史学会副理事长,中国史学会理事,安徽省社会科学联合会主席,安徽省史学会会长,第六届全国人大代表、第七届全国政协常委。专著有《世界近代史》,主编有《世界史·近代史》等。

化学家叶钟文

叶钟文(1919—2006),江苏泰州人,著名化学家、教育家,安徽省有机化学重点学科学术带头人,享受国务院津贴。安徽师范大学原校长。1942年毕业于武汉大学化学系,后留校任教,1947年受聘到国立安徽大学任教,1978年安徽师范大学化学系成立了叶钟文教授领导的有机化学课题组,并开始招收有机化学研究生。同年以叶钟文教授为主,成立了金属有机化学研究室。80年代起致力于稀土有机化学的研究,所发论文获得安徽省科学技术进步奖，先后获得“全国优秀教师”“曾宪梓教育基金会高校教师奖”“全国老有所为精英奖”等荣誉。1986年主持编纂的《稀土金属有机化合物的合成与化学性质》获国家自然科学基金资助，同年金属有机化学研究室获有机化学硕士学位授予权。

叶钟文

文艺理论家祖保泉

祖保泉

祖保泉（1921—2013），安徽巢县人，著名文艺理论家、教育家。曾任安徽省师范专科学校中文科主任，安徽师范大学中文系副主任、主任，古籍研究所所长，兼任安徽省文联常委会委员、《安徽古籍丛书》编委会副主任、中国《文心雕龙》学会常务理事、中国古代文论学会理事等职。他潜心于学术研究，形成了特有的“解说”式治学方法，在《文心雕龙》《二十四诗品》和词学等研究领域造诣精深，在国内外产生了广泛影响。研究成果《文心雕龙选析》1989年获国家教委颁发的教学、教材建设优秀奖，《文心雕龙解说》获安徽省第三届社会科学研究成果一等奖，被学界誉为“大陆司空图研究的权威”“开了20世纪60年代《诗品》研究的序幕”。著有词集《丹枫词稿》《王国维与人间词话》（合著）《王国维词解说》等，辑有《中国诗文理论探微》《祖保泉选集》（五卷）。

历史学家万绳楠

万绳楠

万绳楠（1923—1997），江西南昌人，著名历史学家、教育家。1942年考入国立西南联合大学历史系，成为著名历史学家翦伯赞、陈寅恪、吴晗的学生。1946年大学毕业后考取清华大学历史研究所，师从陈寅恪。1948年初，加入了东北野战军，参加革命。中华人民共和国成立后，一直任教于安徽师范大学至离休，历经了安徽大学、安徽师范学院、合肥师范学院、安徽工农大学、安徽师范大学五个办学时期，系全国魏晋南北朝史学会理事，江西省文天祥研究会顾问，兼白鹿洞书院教授，也是安徽师范大学历史系创办者之一。“文化大革命”中作为安徽省“反动学术权威”被打倒，1979年春“平反”。在安徽师范大学工作期间，先后荣获安徽省劳动模范、全国优秀教育工作者、全国“五一劳动奖章”等称号。著有《魏晋南北朝史论稿》《魏晋南北朝文化史》《文天祥传》《中国长江流域开发史》等著作，并将陈寅恪在清华大学开设“魏晋南北朝史研究”的课程笔记，整理成《陈寅恪魏晋南北朝史讲演录》。

版画家郑震

郑震（1923—2013），原名世勋，曾用笔名侍熏，安徽合肥人。著名版画家，国家一级画师。1949年以来，先后在安徽师范学院、合肥师范学院、安徽艺术学院、安徽师范大学任教。中国美协会员，享受国务院特殊津贴。曾任安徽师范大学艺术学院教授、艺术系主任、名誉院长、中国美术家协会理事，中国版画家协会理事、安徽省美术家协会副主席等职。1997年被聘为安徽省文史研究馆馆员，2010年被聘为中央文史研究馆书画院研究员。曾获中国版画家协会颁发的“鲁迅版画奖”、安徽省美术家协会颁发的“功劳杯奖”等荣誉。其作品画意优美，诗情无限，被人们称为“刀与木的抒情诗”，在中国当代版画界产生了很大影响，尤其是他创造的一版多套的绝版套色版画技法，为中国现代版画发展做出了重要贡献。

郑　震

俄语文学翻译家力冈

力　冈

力冈（1926—1997），本名王桂荣，山东广饶人。俄语文学翻译家，被誉为中国俄语文学翻译界的泰斗人物。1953年毕业于哈尔滨外国语专门学校（黑龙江大学前身）俄语专业，分配至安徽师范大学任教。改革开放之后，翻译了《静静的顿河》《安娜·卡列尼娜》《复活》《当代英雄》《日瓦戈医生》等20多部近七百万字的俄苏文学作品。力冈先生翻译的俄罗斯文学名著很好地保持了原作的文学价值，忠实地再现了它的艺术风格。著名翻译家杨武能曾称力冈先生是“以九死不悔的毅力追求自己的理想，为介绍俄罗斯文学献出了整个生命的大翻译家”。著名俄罗斯文学研究者、翻译家刘文飞称力冈先生为“我国20世纪最杰出文学翻译家之一，无论是他的翻译成果还是他的翻译精神，都是留给后人的一笔宝贵财富”。著名学者吴笛认为“力冈先生是为译介俄罗斯文学献出了整个生命的翻译大师，他所译的俄罗斯文学名著，深深影响了几代中国读者，至今仍在读书界和学界享有盛誉”。

历史学家张海鹏

张海鹏

张海鹏（1931—2000），安徽枞阳人。著名历史学家、教育家，徽商和徽学研究的奠基人和开拓者之一。先后执教于安徽师范学院、合肥师范学院、安徽师范大学。1985年任安徽师范大学副校长，1987—1993年任校长。曾兼任中国史学会理事、中国经济史学会理事、中国商业史学会副会长、中国明史学会副会长、中国朱元璋研究会会长、安徽省历史学会会长、安徽省社科联副主席等职。1992年起享受国务院特殊津贴。主要从事中国古代史，尤其是明清史、安徽文化史和徽商的教学研究工作。主编《明清徽商资料选编》《中国十大商帮》《徽商研究》《安徽文化史（上中下）》《中国历史大事典》《中国通史》《中国考试史文献集成（第一卷）》《皇子传》等，其主要论文收集在《求实集：张海鹏史学论文选》中。其中《明清徽商资料选编》获安徽省社会科学优秀成果一等奖、全国古籍整理优秀图书二等奖，被美国国会图书馆和欧洲、日本以及中国台湾省各大图书馆收藏；《中国十大商帮》获中国商业史学会优秀著作奖，并在港台地区出版繁体字版本；《徽商研究》获安徽省社会科学优秀成果一等奖、全国普通高校人文社科研究成果三等奖和首届国家社会科学基金项目优秀成果三等奖。学者誉其“长期从事中国史特别是明清史的教学和研究，成果累累，桃李满园。他又开创徽学研究领域，具奠基之功，“采文华章，徽商研究独步海内外”。

哲学家文秉模

文秉模

文秉模（1933—2008），朝鲜族，黑龙江海林县人，著名哲学家。1955年被派往苏联国立莫斯科大学哲学系专修西方哲学和逻辑学，曾先后担任安徽师范大学政治教育系主任、安徽师范大学副校长、《安徽师范大学学报》主编、安徽省高校教师职称评审委员会委员、安徽省社会科学研究系列高级职称评审委员会委员、安徽省哲学学会副会长、安徽省哲学应用学会顾问、安徽省伦理学会顾问、安徽省国际人才交流协会常务理事、安徽省政协委员、芜湖市人大代表等职。1985年被省政府授予优秀教师称号。1992年被国务院评为有特殊贡献的教育工作者，并享受国务院特殊津贴。先后五次受到毛泽东同志接见。主要著作有《大学教师伦理学》《马克思主义原理》《欧洲哲学发展史》等。

全国模范教师汪裕雄

汪裕雄

汪裕雄（1937—2012），安徽绩溪人。1955—1959年就读于合肥师范学院中文系，毕业后执教于合肥师范学院中文系。1964—1967年于复旦大学中文系就读文艺学专业研究生，毕业后回合肥师范学院（后并入安徽师范大学）中文系任教。主要从事中国传统美学、审美心理学、审美意象学以及宗白华研究。1998年8月被教育部、人事部授予“全国模范教师”称号。1998年被评为“安徽省模范教师”。1999年被曾宪梓教育基金会授予“高等师范院校优秀教师奖”二等奖。1994年起享受国务院特殊津贴。出版学术专著5部，发表学术论文数十篇，参与主编《中国历代美学文库·魏晋南北朝卷》。专著《审美意象学》1994年获得安徽省首届高校人文社科优秀成果一等奖，1995年获得首届全国高等学校人文社科优秀成果二等奖。专著《意象探源》1998年获得安徽省第四届社科优秀成果一等奖，1999年获得国家社科基金优秀成果三等奖。合著《美学基本原理》多次修订再版，被国内多所高校列为本科教学用书及硕士研究生考试入学参考书。

国家级教学名师余恕诚

余恕诚

余恕诚(1939—2014)，安徽肥西人。曾获全国首届“国家级教学名师奖”。先后担任第八届全国政协委员、第六届安徽省政协委员、省政协常委、安徽省政府参事、安徽省学位委员会委员，享受国务院特殊津贴。2011年12月，入选中国校友会网发布的第三届中国杰出人文社会科学家。与刘学锴先生合撰的《李商隐诗歌集解》，获首届全国古籍整理图书三等奖、全国高等学校人文社科优秀成果二等奖，被学界誉为传世之作。著作《唐诗风貌》获安徽省第四届社科优秀成果一等奖。他先后荣获“全国优秀教育工作者”“安徽省师德先进个人”等称号和全国高等师范学校曾宪梓教育基金会优秀教师奖二等奖。2014年，被学校追授“安徽师范大学终身成就奖”。刘学锴先生在《悼恕诚》一文中表示：“他的为人，既恕且诚；他的治学，追求完美极致；对教学，极端重视；对学生，责之严而待之宽，关爱体贴，心细如发；对学科建设，极端负责，事必躬亲。”

第三节　杰出校友　熠熠生辉

桃李芬芳出硕果，英才辈出创辉煌。截至2023年，安徽师范大学共有5位校友入选中国科学院两院院士，48位校友入选国家杰出青年基金名单，35名校友入选国家优秀青年基金名单，22位校友入选长江学者名单，9名校友入选青年长江学者名单。据调查数据显示，2016—2021年全省共有中学教师和教研员387人被评为正高，其中我校校友234人，占比为60.47%。在艾瑞深中国校友会公布的《2017中国大学教学质量评价报告》中，安徽师范大学毕业生质量排名位居全国高校第81位，全国师范类院校第9位。本书摘选部分优秀校友予以介绍，借此展示广大校友在我国教育事业和经济社会发展等各条战线上所做的贡献 。

十二届全国人大常委会副委员长王胜俊

王胜俊，安徽宿州人，1968年7月合肥师范学院历史系毕业。曾任安徽省委常委、政法委书记，安徽省公安厅党委书记，中央政法委员会副秘书长、秘书长，中央社会治安综合治理委员会副主任，最高人民法院院长、党组书记、审判委员会委员，首席大法官，十二届全国人大常委会副委员长。中共第十六届、十七届、十八届中央委员。中共第十五届中央纪委

王胜俊

委员。

十三届全国政协副主席刘奇葆

刘奇葆，安徽宿松人，1974年毕业于安徽师范大学历史系。现任中共十九届中央委员、全国政协副主席。曾先后担任共青团安徽省委书记、党组书记，人民日报社副总编辑，国务院副秘书长、机关党组成员，广西壮族自治区党委副书记、区党委党校校长，广西壮族自治区党委书记、区人大常委会主任，四川省委书记、省人大常委会主任，中央政治局委员、中央书记处书记、中央宣传部部长。中共第十六届中央候补委员，十七届、十八届、十九届中央委员，十八届中央政治局委员、中央书记处书记。

刘奇葆

全国政协教科文卫体委员会副主任李从军

李从军

李从军，安徽六安人，1977年安徽师范大学六安教学点中文系（现皖西学院）学员。现任全国政协教科文卫体委员会副主任。中共第十七届、十八届中央委员，十届全国人大常委会委员。曾任浙江省委常委、宣传部部长，中宣部副部长、中央文化体制改革工作领导小组成员、办公室主任，新华社党组书记、副社长、社长。

全国社会保障基金理事会党组书记、副理事长丁学东

丁学东

丁学东，江苏常州人，1980年毕业于安徽师范大学数学系。曾任国家国有资产管理局办公室主任兼人事教育司司长，国家国有资产管理局产权司司长，财政部国有资本金基础管理司司长，财政部农业司司长，财政部教科文司司长，财政部副部长、党组成员，国务院副秘书长、全国双拥工作领导小组副组长（兼），中国投资有限责任公司董事长兼首席执行官，中金公司董事、董事长。现任中共第二十届中央委员，全国社会保障基金理事会党组书记、副理事长。

中国工程院院士王文兴

王文兴

王文兴，安徽萧县人，环境化学家。1947年7月至1949年3月就读于国立安徽大学数学系。王文兴是中国大气环境科学的开创者之一，中国大气化学的奠基人之一，参与了中国大气环境科研从无到有、从初创到深入的全过程，对中国大气环境立法、大气光化学污染研究、煤烟型大气污染研究、大气酸沉降化学研究作出过重要贡献。1957年进入化工部北京化工研究院工作，并担任研究室主任；1976年起从催化研究转向环境化学研究；1980年进入中国环境科学研究院工作，先后任副院

长、学术委员会委会主任、学术顾问；1999年当选为中国工程院院士；2003年担任山东大学环境研究院院长、教授、博导；2011年获得首届环境科学终身成就奖；2014年获得第十届光华工程科技奖。

中国工程院院士王如松

王如松

王如松，江苏南京市人，1970年毕业于安徽师范大学（原皖南大学）数学系。中国工程院院士，中国著名生态学家。先后兼任国际科联环境问题科学委员会（SCOPE）副主席兼中国科联环境问题科学委员会副主席，国际生态学会及国际生态工程学会执委，中国生态学会理事长、城市生态专业委员会主任，中国可持续发展研究会生态环境专业委员会主任、常务理事，中国城市科学研究会和中国环境科学学会常务理事。第十届全国人大代表，第九、第十届北京市政协委员。先后获国家教委和国务院学位委员会颁布的“做出突出贡献的中国博士学位获得者”称号，中国科学院优秀中青年科学家，中国科学院优秀教师，全国优秀科技工作者等荣誉称号。2000年获国际人类生态学突出贡献奖。

中国科学院院士韩斌

韩斌

韩斌，安徽阜阳市人，1985年安徽师范大学生物系毕业。作物基因组与遗传学家，中国科学院院士。现任中国科学院分子植物科学卓越创新中心研究员、主任，中国科学院国家基因研究中心主任。兼任中国遗传学会副理事长、中国植物生理和分子生物学会副理事长等职务，应邀担任国际最著名的植物科学研究中心之一的英国John Innes Centre的科学咨询顾问、eLife等国际学术期刊的编委。主要从事水稻基因组学、群体遗传学及水稻的起源和驯化等研究，完成了水稻第四号染色体精确测序及着丝粒序列结构分析，开创了基于全基因组测序分析的水稻复杂性状全基因组关联分析。主要研究成果发表在*Nature*、*Nature Genetics*等国际一流学术期刊上。获得国家自然科学二等奖和上海市科技进步一等奖各1项。

中国科学院院士李亚栋

李亚栋

李亚栋，1986年毕业于安徽师范大学化学系。化学家，中国科学院院士、发展中国家科学院院士，清华大学化学系教授、博士生导师，清华大学学术委员会副主任，安徽师范大学校长。主要从事无机纳米材料合成化学研究，致力于挑战金属团簇、单原子催化剂以期实现非贵金属替代贵金属催化剂，探索实现催化新反应，解决催化剂均相催化异相化实验室与工业化技术难题。在国际学术期刊包括Science, Nature（及其子刊）,JACS, Angew Chem,PRL, Adv Mater., Nano Letters 等发表学术论文500余篇,被他引超10万次。2000年获得国家杰出青年科学基金资助;2001年入选教育部“长江学者”特聘教授,2004年入选新世纪百千万人才工程国家级人选;曾先后获得2006年北京市科学技术奖一等奖、2008年国家自然科学奖二等奖等。2024年8月16日,获2024未来科学大奖–物质科学奖,以表彰其对“单原子催化”的发展和应用做出的开创性贡献。

中国科学院院士汪卫华

汪卫华

汪卫华,安徽宁国市人,1987年毕业于安徽师范大学物理系。材料物理学家,中国科学院院士、发展中国家科学院院士,中国科学院物理研究所研究员、博士生导师、课题组长,中国科学院极端条件物理重点实验室主任。1999年获得国家杰出青年科学基金资助;2003年至2012年担任国家基金委非晶材料和物理研究创新群体学术带头人;2009年获得第七届周培源物理奖;2015年当选中国科学院院士;2016年当选为发展中国家科学院院士。2020年获得“何梁何利基金科学与技术进步奖”物理学奖。作为首席科学家承担非晶973项目,在重要科学期刊上发表学术论文200多篇,授权发明专利20项。其中非晶合金的弹性模量判据工作获2010年国家自然科学二等奖;制备非晶的微合金化法获2000年国家发明二等奖,获美国发明专利;非晶变形机制工作获2009年周培源物理奖。发明低温热塑性合金和大压缩塑性非晶合金的两项工作分别入选2005年和2007年中国基础研究十大进展。他领导的研究组也是国内空间材料研究任务的主要承担单位之一,在完成我国载人航天工程神舟号飞船应用任务中做出了贡献。

担任“长江学者奖励计划”特聘教授的校友信息一览表

序号	姓名	性别	毕业年份	毕业专业	毕业学历	工作单位	获聘时间
1	张国刚	男	1979	历史	大学	清华大学历史系	2006年
2	田　捷	男	1981	数学	本科	中科院自动化研究所	2006年
3	张卫平	男	1983	物理	本科	上海交通大学物理与天文学院	2005年
4	朱志荣	男	1983	中文	本科	华东师范大学中文系	2016年
5	晏绍祥	男	1984	历史	本科	首都师范大学历史学院	2015年
6	阮成武	男	1984	教育学	本科	安徽师范大学教育科学学院	2021年
7	刘心报	男	1985	数学	本科	合肥工业大学管理学院	2017年
8	戴超武	男	1985	历史	本科	华东师范大学历史系	2021年
9	李亚栋	男	1986	化学	本科	清华大学化学系	2001年
10	王启华	男	1986	数学	本科	中科院数学与系统科学研究院	2009年
11	吴根友	男	1986	中文	本科	武汉大学哲学学院	2016年
12	王凤雨	男	1987	数学	本科	天津大学数学学院	2000年
13	高　炜	男	1987	英语	第二学位	华东师范大学资源与环境科学学院	2008年
14	杨　新	男	1989	化学	本科	南方科技大学环境科学与工程学院	2006年
15	徐泽水	男	1989	数学	专科	四川大学商学院	2012年
16	毛兰群	男	1989	化学	本科	北京师范大学化学学院	2019年
17	彭玉平	男	1990	文艺	硕士	中山大学中国语言文学系	2015年
18	石中英	男	1991	教育	本科	清华大学教育研究院	2007年
19	齐　飞	男	1991	物理	本科	上海交通大学机械与动力工程学院	2019年
20	许家金	男	1999	英语	本科	中国外语教育研究中心	2021年
21	江海龙	男	2003	化学	本科	中国科学技术大学化学系	2019年
22	刘　伟	男	2002	数学	本科	江苏师范大学数学与统计学院	2023年

获得国家杰出青年基金资助的校友信息一览表

序号	姓名	性别	毕业年份	毕业专业	毕业学历	工作单位	获聘时间
1	王明荣	男	1982	生物	本科	中国医学科学院北京协和医学院肿瘤医院肿瘤研究所	2001年
2	肖　杰	男	1982	数学	本科	北京师范大学数学科学学院	1998年
3	田　捷	男	1982	数学	本科	中科院自动化研究所	2002年
4	章　璞	男	1982	数学	本科	上海交通大学数学系	2007年
5	张卫平	男	1983	物理	本科	上海交通大学物理与天文学院	2005年
6	苏伟平	男	1983	化学	本科	中科院福建物质结构研究所	2009年
7	朱　江	男	1984	数学	本科	中科院大气物理研究所	2003年
8	徐　飞	男	1984	数学	本科	中科院数学与系统科学院	2004年
9	邱小波	男	1984	生物	本科	北京师范大学生命科学学院	2005年
10	周先银	男	1984	数学	本科	原北京师范大学(已逝)	1996年
11	韩　斌	男	1985	生物	本科	中国科学院分子植物科学卓越创新中心	2003年
12	李亚栋	男	1986	化学	本科	清华大学化学系	2000年
13	沈月毛	男	1986	化学	本科	山东大学药学院	2003年
14	陈传峰	男	1986	化学	本科	中科院化学研究所	2006年
15	王启华	男	1986	数学	本科	中科院数学与系统科学研究院	2007年
16	储成才	男	1986	生物	本科	华南农业大学节水抗旱稻绿色产业研究院	2008年
17	龙腊生	男	1986	化学	本科	厦门大学化学化工学院	2008年
18	汪卫华	男	1987	物理	本科	中科院物理研究所	1999年
19	王凤雨	男	1987	数学	本科	天津大学数学学院	2000年
20	杨同海	男	1987	数学	硕士研究生	美国威斯康星大学	2007年
21	赵　刚	男	1988	化学	本科	中科院上海有机化学研究所现代有机合成化学研究室	2005年
22	毛兰群	男	1989	化学	本科	北京师范大学化学学院	2005年
23	汪小全	男	1989	生物	本科	中国科学院植物研究所	2004年
24	徐泽水	男	1989	数学	专科	四川大学商学院	2006年
25	齐　飞	男	1991	物理	本科	上海交通大学机械与动力工程学院	2009年
26	沈　旭	男	1992	化学	硕士研究生	南京中医药大学医学与生命科学学院	2005年

续表

序号	姓名	性别	毕业年份	毕业专业	毕业学历	工作单位	获聘时间
27	王训明	男	1993	地理	本科	中科院寒区旱区环境工程研究所	2012年
28	张　军	男	1993	化学	本科	中科院化学研究所	2014年
29	袁业飞	男	1993	物理	本科	中国科学技术大学天文学系	2017年
30	吴成印	男	1994	物理	本科	北京大学物理学院	2016年
31	胡忠坤	男	1994	物理	本科	华中科技大学物理学院	2016年
32	胡荣贵	男	1995	生物	本科	中科院上海生命科学研究院生物化学与细胞生物学研究所	2015年
33	田善喜	男	1995	物理	本科	中国科学技术大学化学与材料科学学院	2016年
34	李　陶	男	1996	物理	本科	中国科学技术大学地球和空间科学学院	2012年
35	叶明亮	男	1996	化学	本科	中科院大连化学物理研究所	2015年
36	李　斌	男	1996	生物	本科	中科院上海巴斯德研究所	2015年
37	王桂荣	男	1996	生物	本科	中国农业科学院植物保护研究所	2017年
38	姚永刚	男	1997	生物	本科	中科院昆明动物研究所	2009年
39	汪乐余	男	1997	化学	本科	北京化工大学科学技术发展研究院	2017年
40	王　毅	男	1997	数学	本科	中国科学技术大学数学科学学院	2018年
41	严登华	男	1998	地理	本科	中国水利水电科学研究院水资源所	2017年
42	沈国震	男	1999	化学	本科	北京理工大学集成电路与电子学院	2016年
43	张徐祥	男	2001	生物	本科	南京大学环境学院	2020年
44	李　亮	男	2001	物理	本科	苏州大学物理科学与技术学院	2020年
45	刘心元	男	2001	化学	本科	南方科技大学化学系	2020年
46	阚二军	男	2002	物理	本科	南京理工大学理学院	2021年
47	江海龙	男	2003	化学	本科	中国科学技术大学化学系	2017年
48	吴学邦	男	2004	物理	本科	中国科学院合肥物质科学研究院	2020年

获得国家优秀青年基金资助的校友信息一览表

序号	姓名	性别	毕业年份	毕业专业	毕业学历	工作单位	获聘时间
1	童雪梅	女	1997	生物科学	本科	上海交大基础医学院	2012
2	项国勇	男	2000	物理	本科	中国科学技术大学物理学院	2012
3	李　亮	男	2001	物理	本科	苏州大学物理科学与技术学院	2014
4	仲　雷	男	2001	地理	本科	中国科技大学地球和空间科学学院	2015
5	庞洪喜	男	2001	地理	本科	南京大学	2016
6	刘心元	男	2001	化学	本科	南方科技大学	2017
7	何宏艳	女	2001	化学	本科	中科院过程工程研究所	2019
8	吴宗铨	男	2001	化学教育	本科	吉林大学化学学院	2016
9	阚二军	男	2002	物理	本科	南京理工大学应用物理系	2015
10	刘光明	男	2002	化学	本科	中国科学技术大学	2016
11	刘　伟	男	2002	数学与应用数学	本科	江苏师范大学	2018
12	陈明星	男	2003	地理	本科	中国科学院地理科学与资源研究所	2018
13	毕　磊	男	2003	物理	本科	浙江大学地球科学学院	2020
14	刘海鹏	男	2003	生物技术	本科	同济大学附属上海市肺科医院	2019
15	宣守虎	男	2003	化学	本科	中国科学技术大学工程科学学院	2018
16	周小龙	男	2004	生物技术	本科	中科院分子细胞科学卓越创新中心	2018
17	舒新文	男	2004	物理	本科	安徽师范大学物理与电子信息学院	2018
18	彭　滟	女	2004	物理	本科	上海理工大学光电信息与计算机工程学院	2019
19	王　亮	男	2004	物理	本科	中国科学院合肥物质科学研究院	2019
20	王荣生	男	2004	物理	本科	中国科学技术大学地球和空间科学学院	2019
21	葛翠翠	女	2005	化学	本科	苏州大学	2020
22	金俊琰	女	2005	生物科学	本科	中国科学院水生生物研究所	2022
23	赵华斌	男	2006	动物学	硕士	武大生科院	2017
24	杨元建	男	2006	物理	本科	南京信息工程大学大气物理学院	2022
25	夏云生	男	2007	分析化学	硕士	安徽师范大学	2014
26	施　坤	男	2007	地理信息系统	本科	中国科学院南京地理与湖泊研究所	2019
27	桂敬汉	男	2007	材料化学	本科	上海有机化学研究所	2021
28	李海欧	男	2007	物理	本科	中国科学技术大学	2021

续表

序号	姓名	性别	毕业年份	毕业专业	毕业学历	工作单位	获聘时间
29	朱明山	男	2007	化学	本科	暨南大学环境学院	2023
30	丁冬生	男	2010	物理	本科	中国科学技术大学(中国科学院量子信息重点实验室)	2017
31	汪　勇	男	2010	分析化学	硕士	苏州大学放射医学与防护学院	2022
32	孙中发	男	2011	物理	本科	安徽师范大学物理与电子信息学院	2022
33	舒　超	男	2011	化学	本科	华中师范大学化学学院	2023
34	胡　勇	男	2013	环境科学	本科	同济大学材料科学与工程学院	2022
35	石媛媛	女	2013	化学	本科	中国科学技术大学微电子学院	2022

部分担任副部级以上领导职务的校友信息一览表

序号	姓名	性别	出生年份	毕业年份	毕业专业	毕业学历	工作单位及职务	备注
1	刘奇葆	男	1953	1974	历史	大学	中共二十大代表，原十七届、十八届、十九届中央委员，十八届中央政治局委员、中央书记处书记，十三届全国政协副主席，现任中国欧盟协会会长	副国
2	王胜俊	男	1946	1968	历史	大学	原中共十九大代表，十五届中央纪委委员，十六届、十七届、十八届中央委员，十二届全国人大常委会副委员长	副国
3	李从军	男	1949	1981	中文	大学	原十七届、十八届中共中央委员，十届全国人大常委会委员	正部
4	丁学东	男	1960	1980	数学	大专	原国务院副秘书长，现任全国社会保障基金理事会党组书记、副理事长	正部
5	杨多良	男	1946	1969	外语	大学	原安徽省政协主席、党组书记、全国政协外事委员会副主任	副部
6	杜宜瑾	男	1936	1983年至1987年任安师大校长	/	/	原全国人大常委兼财经委员会副主任、致公党中央常务副主席	副部
7	李修松	男	1958	1982	历史	本科	原十二届安徽省政协副主席，民建中央常委、安徽省委主委	副部
8	胡云腾	男	1955	1983	政教	本科	原最高人民法院审判委员会副部级专职委员、第二巡回法庭庭长 二级大法官	副部
9	孙云飞	男	1962	1984	中文	本科	安徽省政协原副主席、党组成员	副部

续表

序号	姓名	性别	出生年份	毕业年份	毕业专业	毕业学历	工作单位及职务	备注
10	梁 桂	男	1964	1984	数学	本科	江西省委常委	副部
11	肖超英	女	1958	1984	政教	本科	原安徽省政协党组副书记、副主席	副部
12	冯 键	男	1964	1985	政教	本科	广东省人民检察院检察长、党组书记	副部
13	许成仓	男	1963	1985	数学	本科	西藏自治区人大常委会副主任、山南市委书记，西藏自治区第十二届人民代表大会常务委员会副主任	副部
14	季昆森	男	1940	1964	数学	大学	发展中国论坛(CDF))副主席，安徽省循环经济研究院院长	副部
15	叶厚荣	男	1943	1966	数学	大学	原天津市政协副主席、市委统战部部长	副部
16	张春生	男	1943	1969	中文	大学	原中共十五大代表，安徽省九届、十届人大常委会副主任	副部
17	臧世凯	男	1952	1977	中文	大学	原安徽省人大常委会副主任、党组副书记，省人大常委会代表资格审查委员会主任委员	副部
18	胡启生	男	1971	1993	历史	本科	河北省政府副省长、党组成员	副部
19	王立彤	男	1968	1990	化学	本科	河北省人民政府副省长、党组成员，省公安厅党委书记、厅长，省委政法委委员	副部
20	苏平凡	男	1940	1962	物理	本科	原安徽省人大常委会副主任、党组成员、党组副书记	副部
21	陆子修	男	1933	1958	政史	本科	原安徽省人大常委会副主任、发展中国论坛农业专家委员会副主任委员	副部
22	俞家栋	男	1967	1992	政教	本科	人力资源和社会保障部党组成员、副部长	副部
23	李 中	男	1968	1992	中文	本科	安徽省副省长	副省

校情篇

第一节　内外兼修　谱写新篇

学校紧紧围绕高水平大学建设目标，主动加强战略谋划和顶层设计，积极提升办学平台，着力深化内涵建设，不断扩大对外开放，学校的综合办学实力和核心竞争力持续提升，社会美誉度和影响力逐步扩大。

一、学校发展　更上台阶

学校抢抓发展机遇，积极寻求国家、省、市的政策支持，争取到多个建设项目，发展平台不断提升，为建设特色鲜明的高水平大学奠定了坚实的基础。

跨入省部共建高校行列

省部共建是教育部推进新时期高等教育创新，加强与地方政府合作，共同促进地方高等教育发展的重大举措，旨在突破政策壁垒，扶持中西部高等教育发展，逐步缩小发展差异，实现全国高等教育的全面协调持续发展。

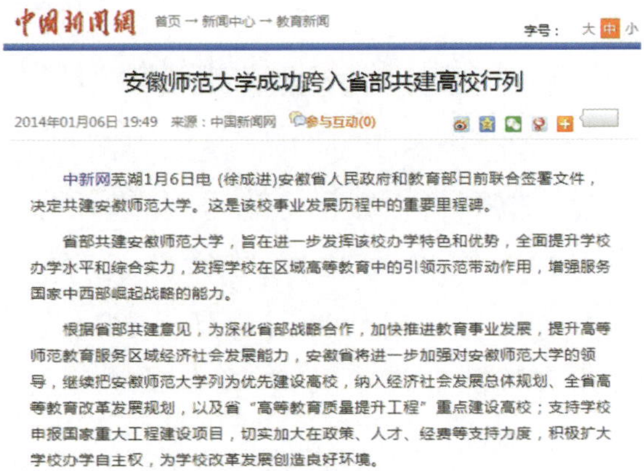

中国新闻网　首页 → 新闻中心 → 教育新闻　字号：大 中 小

安徽师范大学成功跨入省部共建高校行列

2014年01月06日 19:49　来源：中国新闻网　参与互动(0)

中新网芜湖1月6日电（徐成进）安徽省人民政府和教育部日前联合签署文件，决定共建安徽师范大学。这是该校事业发展历程中的重要里程碑。

省部共建安徽师范大学，旨在进一步发挥该校办学特色和优势，全面提升学校办学水平和综合实力，发挥学校在区域高等教育中的引领示范带动作用，增强服务国家中西部崛起战略的能力。

根据省部共建意见，为深化省部战略合作，加快推进教育事业发展，提升高等师范教育服务区域经济社会发展能力，安徽省将进一步加强对安徽师范大学的领导，继续把安徽师范大学列为优先建设高校，纳入经济社会发展总体规划、全省高等教育改革发展规划，以及省“高等教育质量提升工程”重点建设高校；支持学校申报国家重大工程建设项目，切实加大在政策、人才、经费等支持力度，积极扩大学校办学自主权，为学校改革发展创造良好环境。

《中国新闻网》报道安徽师范大学
跨入省部共建高校行列

2013年10月17日，教育部正式同意将安徽师范大学列为省部共建高校，12月27日，省政府正式发文，进一步明确省部共建具体内容。跨入省部共建高校行列是安徽师范大学办学进程中发展平台的一次历史性跨越。

根据共建意见，安徽省将进一步加强领导，优先建设安徽师范大学，教育部将把安徽师范大学纳入国家高等教育发展整体规划统筹考虑。省部共建安徽师范大学，对于推动学校进一步提升办学水平、提高人才培养质量、扩大办学声誉和社会影响力具有十分重要的意义。

时任校党委书记顾家山
代表学校与省委宣传部签订共建协议

入选全国首批部校共建新闻学院试点单位

“部校共建新闻学院”是中宣部与地方政府开展部校共建新闻学院，加强马克思主义新闻观教育，培养优秀新闻人才的重要举措。2013年12月20日，中宣部、教育部在上海召开现场会，指导10个省市党委宣传部门与高等学校签署共建协议。会上，学校与省委宣传部签订了共建协议，成为全国“部校共建新闻学院”首批10所试点高校之一。

学校以部校共建为契机，主动作为、开拓创新，认真落实部校共建各项目标任务，着力构建理论体系、教材体系、教学体系

“三位一体”的教育体系，积极推动马克思主义新闻观进教材、进课堂、进头脑，努力培养造就政治坚定的新闻传播人才，正在朝着建成全国一流新闻与传播学院的目标奋进。

部校共建工作推进会

入选“中西部高校基础能力建设工程”项目

“中西部高校基础能力建设工程”是国家发改委、教育部为振兴中西部高等教育、促进中国高等教育协调发展、切实提升中西部高校办学能力而设立的重大建设专项，有“小211工程”之称。该项目2012年开始实施，2013年2月学校入选国家中西部高校基础能力建设工程（一期）建设高校，获得国家和省政府1.67亿元的建设经费支持。

安徽师范大学实习实训中心

安徽师范大学实习实训中心项目是国家发改委、教育部组织实施的"中西部高校基础能力建设工程"资助项目，是学校重要实践教学中心和学生创新能力"孵化"基地。中心于2013年2月4日获省发改委立项，2014年4月25日正式开工建设，2015年11月8日主体工程封顶，2017年7月正式投入使用，建设总用地面积29 063平方米，总建筑面积52 770平方米。中心的启用，进一步改善了学校理工类本科专业所需的基础教学实验室、专业教学实验室、综合实验训练基地的教学条件，为学校的重点学科和学位点的建设提供坚实的基础和保障。

入选安徽省"地方高水平大学"项目

为加速提升安徽省高等教育整体水平和综合实力，全面提高高等教育服务区域经济社会发展水平，安徽省教育厅、财政厅联合出台"高等教育振兴计划"。根据计划，到2020年，安徽省将建成一批地方高水平大学、特色鲜明的应用型本科高校和示范高职院校。其中建设地方高水平大学，是安徽省高等教育振兴计划的核心任务和主要目标。

地方高水平大学项目建设推进会

2013年，学校成功入选"安徽省高等教育振兴计划"之"地方高水平大学"项目首批建设高校（全省共4所），争取到连续5年，每年1 000万元的资金投入，为学校立足地方、凝练特色提供了重要机遇，推动了学校学科专业和人才建设，加速了办学水平和综合实力的提升，为更好地服务"五大发展"美好安徽建设奠定了基础。

第二批地方高水平大学学科建设项目评审会

获批安徽省特色高水平大学奖补资金项目

为推进安徽省高水平大学建设，加快建设高等教育强省，安徽省决定对前期资助的8所地方高水平大学重新组织申报，遴选出4所建设成效显著的高校进行奖补。经学校申报，省财政厅、省教育厅联合组织专家审核和听取汇报答辩，学校以省属高校第二的排名成功获批安徽省省属公办普通本科高校特色高水平大学奖补资金项目。该项目奖补周期为4年，奖补标准为每年3 000万，总计1.2亿元，主要用于支持一流学科及领军骨干人才教学科研硬件建设及相应工作性支出。学校将以此为契机，加快建设特色鲜明的高水平大学，积极为“五大发展”美好安徽建设作出新的更大的贡献。

特色高水平大学奖补资金使用工作布置会

二、英才云集　师资雄厚

学校现有教职工 2 813 人（不含“三附”），其中专任教师 1 915 人，教授、副教授及其他高级职称教师 1 056 人。学校拥有院士 1 人，聘任院士 2 人，拥有“长江”7 人，国家“杰青”9 人，“万人计划”哲学社会科学领军人才 2 人、科技创新领军人才 2 人、教学名师 2 人、青年拔尖人才 1 人，文化名家暨“四个一批”人才 2 人，“千人”2 人，中国科学院“百人”5 人，“百千万人才工程”国家级人选 7 人，国家“优青”4 人，海外“优青”1 人，教育部“新世纪优秀人才”支持计划 9 人，享受国务院“特殊津贴”15 人，奥运冠军和世界冠军等 3 人，共有在职的省级以上人才称号（荣誉）教师 600 余人次。拥有国家级教学团队 3 个，全国高校黄大年式教师团队 1 个，省级教学团队 56 个，省级教学名师 52 人，省级教坛新秀 53 人（截至 2024 年 4 月）。

2008年以来国家级教学团队一览表

序号	立项时间	团队名称
1	2008年	中国古代文学教学团队
2	2009年	毛泽东思想和中国特色社会主义理论体系概论教学团队
3	2010年	分析化学教学团队

2008年以来省级教学团队一览表

序号	立项时间	团队名称
1	2008	“马克思主义中国化研究”教学团队
2	2008	心理学教学团队
3	2010	现代遗传学
4	2010	教育学教学团队
5	2010	声乐教学团队
6	2013	大学英语教学团队
7	2013	中国史教学团队
8	2014	中国现当代文学教学团队
9	2014	键盘乐器教学团队
10	2015	文艺学教学团队
11	2015	统计学教学团队
12	2016	大学语文教学团队
13	2017	现代生物科学核心课程双语教学团队
14	2017	刑法学教学团队
15	2017	马克思主义新闻观教育教学团队
16	2017	中国经济史教学团队
17	2017	民族传统体育教学团队
18	2018	有机化学教学团队
19	2018	学科课程与教学论教学团队
20	2018	微分方程教学团队
21	2018	动物生物学教学团队
22	2016	大学物理教学团队
23	2019	世界史专业教学团队
24	2019	数学分析教学团队
25	2019	化学教学论教学团队
26	2019	无机化学教学团队

续表

序号	立项时间	团队名称
27	2019	马克思主义基本原理概论教学团队
28	2019	音乐学理论教学团队
29	2019	自然地理学教学团队
30	2019	物理化学教学团队
31	2019	生态学课程教学团队
32	2019	马克思主义法学教学团队
33	2019	马克思主义政治经济学教学团队
34	2020	社会工作实务教学团队
35	2020	计算机系统能力培养教学团队
36	2020	舞蹈表演专业教学团队
37	2020	“四史”教学团队
38	2020	学前教育专业教学团队
39	2020	高分子化学教学团队
40	2020	数理统计教学团队
41	2020	财务管理教学团队
42	2020	汉语教学团队
43	2020	美术专业理论课程群教学团队
44	2020	理论物理教学团队
45	2020	旅游管理专业教学团队
46	2020	通信原理教学团队
47	2020	政治学课程群课程思政教学团队
48	2020	电子信息类专业课程思政教学团队
49	2021	环境工程学教学团队
50	2021	俄罗斯文化教学团队
51	2021	汉语国际教育专业教学团队
52	2022	统计学专业实验教学创新团队
53	2023	认知发展与测评教学创新团队
54	2023	人文地理学教学创新团队
55	2023	离散数学教学创新团队
56	2023	化学工程与工艺专业教学创新团队
57	2023	马工程“文学理论”教学创新团队

国家级人才称号一览表

序号	入选时间	姓名	称号
1	2011	李亚栋	中国科学院院士
2	2003	吴　奇	中国科学院院士
3	2009	胡培君	爱尔兰皇家学院院士
4	2016	李琳琦	国家“万人计划”哲学社会科学领军人才
5	2017	辛　涛	国家“万人计划”哲学社会科学领军人才
6	2018	熊宇杰	国家“万人计划”科技创新领军人才
8	2023	毛俊杰	国家“万人计划”青年拔尖人才
9	2000	李亚栋	国家杰出青年基金获得者
10	2017	熊宇杰	国家杰出青年基金获得者
11	1996	吴　奇	国家杰出青年基金获得者
14	2001	王官武	国家杰出青年基金获得者
17	2001	胡跃飞	国家杰出青年基金获得者
18	2009	陈道勇	国家杰出青年基金获得者
19	2021	阮成武	国家“万人计划”教学名师
20	2023	王习胜	国家“万人计划”教学名师
21	2001	李亚栋	长江学者奖励计划特聘教授
22	2018	熊宇杰	长江学者奖励计划特聘教授
23	2021	阮成武	长江学者奖励计划特聘教授
24	2019	辛　涛	长江学者奖励计划特聘教授
25	2021	大卫•帕克	长江学者奖励计划讲席学者
26	2023	刘　业	长江学者奖励计划讲席学者
27	2024	吕建平	长江学者奖励计划青年学者
28	2012	景晓军	国家863计划专家
29	2011	胡培君	千人计划
30	2011	熊宇杰	千人计划
31	2015	李琳琦	中宣部文化名家暨“四个一批”获得者
32	2017	辛　涛	中宣部文化名家暨“四个一批”获得者
33	2023	王　辉	教育部第一批博士后海外引才专项
34	2011	熊宇杰	中国科学院百人计划
35	2014	陆　洲	中国科学院百人计划
36	2002	刘　业	中国科学院百人计划
37	1999	王官武	中国科学院百人计划

续表

序号	入选时间	姓名	称号
39	2012	谢丽强	中国科学院百人计划
41	2004	李亚栋	国家百千万人才工程国家级人选
42	2006	李琳琦	国家百千万人才工程国家级人选
43	2008	陆　林	国家百千万人才工程国家级人选
44	2020	朱国萍	国家百千万人才工程国家级人选
45	2014	辛　涛	国家百千万人才工程国家级人选
46	2004	王官武	国家百千万人才工程国家级人选
48	2012	高　峰	教育部“新世纪优秀人才”支持计划
49	2011	耿保友	教育部“新世纪优秀人才”支持计划
50	2005	李琳琦	教育部“新世纪优秀人才”支持计划
51	2010	马陵合	教育部“新世纪优秀人才”支持计划
52	2010	商永嘉	教育部“新世纪优秀人才”支持计划
53	2007	朱国萍	教育部“新世纪优秀人才”支持计划
54	2007	辛　涛	教育部“新世纪优秀人才”支持计划
55	2018	舒新文	国家优秀青年基金获得者
56	2014	夏云生	国家优秀青年基金获得者
60	2021	孙中发	国家优秀青年基金(海外)
61	2020	王　进	国家优秀青年基金获得者
62	2008	邓琳琳	奥运冠军
63	2012	邓琳琳	奥运冠军
64	2015	赖晓晓	世界冠军
65	2014	顾雪宋	亚运会团体冠军
66	2021	王春雨	奥运会第五名、亚运会冠军

2003年以来“皖江学者”特聘教授、讲席教授一览表

序号	入选时间	姓名	称号名称
1	2008	陆　林	“皖江学者”计划讲席教授
2	2008	聂刘旺	“皖江学者”计划讲席教授
3	2008	吴孝兵	“皖江学者”计划讲席教授
4	2008	席贻龙	“皖江学者”计划讲席教授
5	2008	李琳琦	“皖江学者”计划特聘教授
6	2021	李宜江	“皖江学者”计划特聘教授
7	2019	刘道胜	“皖江学者”计划特聘教授

续表

序号	入选时间	姓名	称号名称
8	2020	陆　洲	“皖江学者”计划特聘教授
9	2019	潘务正	“皖江学者”计划特聘教授
10	2019	桑青松	“皖江学者”计划特聘教授
11	2020	汪盛玉	“皖江学者”计划特聘教授
12	2020	王广凤	“皖江学者”计划特聘教授
13	2018	夏云生	“皖江学者”计划特聘教授
14	2021	徐　彬	“皖江学者”计划特聘教授
15	2017	杨柏岭	“皖江学者”计划特聘教授
16	2021	杨兴柱	“皖江学者”计划特聘教授
17	2021	陈中正	青年皖江学者
18	2018	崔　鹏	青年皖江学者
19	2018	吕建平	青年皖江学者
20	2017	舒新文	青年皖江学者
21	2021	孙中发	青年皖江学者
22	2021	王佩君	青年皖江学者
23	2021	崔晓峰	青年皖江学者
24	2019	周　勇	青年皖江学者

2011年以来安徽省“百人计划”人选一览表

序号	入选时间	姓名	称号名称
1	2011	郝二红	安徽省“百人计划”
2	2018	崔　鹏	安徽省“百人计划”
3	2019	刘金云	安徽省“百人计划”
4	2020	石风华	安徽省“百人计划”青年项目
5	2020	谭小娟	安徽省“百人计划”青年项目
6	2021	郭文梅	安徽省“百人计划”青年项目
7	2021	韩亚帅	安徽省“百人计划”青年项目
8	2022	孙中发	安徽省“百人计划”青年项目
9	2022	秦　颖	安徽省“百人计划”青年项目
10	2022	祝崇伟	安徽省“百人计划”青年项目
11	2022	大卫•帕克	安徽省外专“百人计划”
12	2023	妮丝琳	安徽省外专“百人计划”
13	2023	王　辉	安徽省“百人计划”青年项目

续　表

序号	入选时间	姓名	称号名称
14	2023	宋　品	安徽省“百人计划”青年项目
15	2023	孙　键	安徽省“百人计划”青年项目
16	2024	肖　阳	安徽省“百人计划”青年项目

2018年以来入选省特支计划(现更名为“江淮英才”领军人才)人选一览表

序号	入选时间	姓名	称号名称
1	2018	刘小明	省特支计划
2	2019	麻金继	省特支计划
3	2020	高　峰	省特支计划
4	2021	耿保友	省特支计划
5	2022	毛俊杰	省特支计划
6	2023	张小俊	省特支计划

2023年以来安徽省高端人才引育行动项目人选一览表

序号	入选时间	姓名	称号名称
1	2023	王官武	省高端人才引育行动项目杰出人才
2	2023	吕建平	省高端人才引育行动项目领军人才特聘教授
3	2023	丁修真	省高端人才引育行动项目领军人才特聘教授
4	2023	张　勇	省高端人才引育行动项目领军人才特聘教授
5	2023	宣　宾	省高端人才引育行动项目领军人才特聘教授
6	2023	王友保	省高端人才引育行动项目领军人才教学名师
7	2023	马　梅	省高端人才引育行动项目领军人才教学名师
8	2023	许　凯	省高端人才引育行动项目青年拔尖人才青年学者
9	2023	余吉祥	省高端人才引育行动项目青年拔尖人才青年学者
10	2023	朱　晨	省高端人才引育行动项目青年拔尖人才青年学者
11	2023	白春晓	省高端人才引育行动项目青年拔尖人才青年学者
12	2023	盛晓伟	省高端人才引育行动项目青年拔尖人才青年学者
13	2023	张孝荣	省高端人才引育行动项目青年拔尖人才青年教学名师
14	2023	冯友宏	省高端人才引育行动项目青年拔尖人才青年教学名师
15	2024	陈道勇	省高端人才引育行动项目杰出人才
16	2024	张爱清	省高端人才引育行动项目领军人才特聘教授
17	2024	孙　鹏	省高端人才引育行动项目领军人才特聘教授
18	2024	武道房	省高端人才引育行动项目领军人才特聘教授

续 表

序号	入选时间	姓名	称号名称
19	2024	张正光	省高端人才引育行动项目领军人才特聘教授
20	2024	许新胜	省高端人才引育行动项目领军人才教学名师
21	2024	张　超	省高端人才引育行动项目青年拔尖人才青年学者
22	2024	余筱兰	省高端人才引育行动项目青年拔尖人才青年学者
23	2024	程永峰	省高端人才引育行动项目青年拔尖人才青年学者
24	2024	徐　建	省高端人才引育行动项目青年拔尖人才青年学者
25	2024	单传友	省高端人才引育行动项目青年拔尖人才青年学者
26	2024	潘　涛	省高端人才引育行动项目青年拔尖人才青年学者
27	2024	周伟义	省高端人才引育行动项目青年拔尖人才青年学者
28	2024	沈燕培	省高端人才引育行动项目青年拔尖人才青年教学名师
29	2024	路幸福	省高端人才引育行动项目青年拔尖人才青年教学名师

2022年以来省“江淮文化名家”引育工程项目入选一览表

序号	入选时间	姓名	单位	荣誉称号
1	2022	姚宏志	马克思主义学院	“江淮文化名家”培育工程领军人才
2	2022	辛治洋	教育科学学院	“江淮文化名家”培育工程领军人才
3	2022	汪海元	音乐学院	“江淮文化名家”培育工程领军人才
4	2022	丁修真	历史学院	“江淮文化名家”培育工程青年英才
5	2022	秦枫	新闻与传播学院	“江淮文化名家”培育工程青年英才
6	2022	徐　飞	经济管理学院	“江淮文化名家”培育工程青年英才
7	2022	汪伟忠	经济管理学院	“江淮文化名家”培育工程青年英才
8	2022	李琳琦	历史学院	“江淮文化名家”创新团队带头人
9	2023	张立驰	马克思主义学院	“江淮文化名家”培育工程领军人才
10	2023	乔东义	文学院	“江淮文化名家”培育工程领军人才
11	2023	余吉祥	经济管理学院	“江淮文化名家”培育工程领军人才
12	2023	李祥兴	马克思主义学院	“江淮文化名家”培育工程领军人才
13	2023	罗　昆	经济管理学院	“江淮文化名家”培育工程青年英才
14	2023	石　磊	音乐学院	“江淮文化名家”培育工程青年英才
15	2023	康　健	历史学院	“江淮文化名家”培育工程青年英才

2009年以入选省学术和技术带头人人选一览表

序号	时间	姓名	称号名称
1	2009	王　伦	省学术与技术带头人
2	2009	庄华峰	省学术与技术带头人
3	2009	朱国萍	省学术与技术带头人
4	2009	吴孝兵	省学术与技术带头人
5	2009	陆　林	省学术与技术带头人
6	2009	胡传志	省学术与技术带头人
7	2009	席玉宝	省学术与技术带头人
8	2009	王绍武	省学术与技术带头人
9	2009	李琳琦	省学术与技术带头人
10	2009	席贻龙	省学术与技术带头人
11	2009	朱家存	省学术与技术带头人
12	2009	周晓光	省学术与技术带头人
13	2010	方　青	省学术与技术带头人
14	2010	聂刘旺	省学术与技术带头人
15	2010	马陵合	省学术与技术带头人
16	2010	阮成武	省学术与技术带头人
17	2011	胡益民	省学术与技术带头人
18	2011	郭淑新	省学术与技术带头人
19	2011	赵广超	省学术与技术带头人
20	2011	高　飞	省学术与技术带头人
21	2011	任　永	省学术与技术带头人
22	2011	高　峰	省学术与技术带头人
23	2013	王习胜	省学术与技术带头人
24	2013	熊仲儒	省学术与技术带头人
25	2013	杨柏岭	省学术与技术带头人
26	2013	彭启福	省学术与技术带头人
27	2013	储泰松	省学术与技术带头人
28	2013	耿保友	省学术与技术带头人
29	2015	戴兆国	省学术与技术带头人
30	2015	卢　玉	省学术与技术带头人
31	2015	汤　敏	省学术与技术带头人
32	2015	倪永红	省学术与技术带头人

续表

序号	时间	姓名	称号名称
33	2015	罗永龙	省学术与技术带头人
34	2015	刘道胜	省学术与技术带头人
35	2015	桑青松	省学术与技术带头人
36	2017	彭凤莲	省学术与技术带头人
37	2017	王习胜	省学术与技术带头人
38	2017	夏云生	省学术与技术带头人
39	2017	汪海元	省学术与技术带头人
40	2017	徐　彬	省学术与技术带头人
41	2017	王朝辉	省学术与技术带头人
42	2017	申广君	省学术与技术带头人
43	2011	李　虎	省学术与技术带头人
44	2019	高正礼	省学术与技术带头人
45	2019	商永嘉	省学术与技术带头人
46	2019	沈正赋	省学术与技术带头人
47	2019	汪盛玉	省学术与技术带头人
48	2021	舒新文	省学术与技术带头人
49	2021	王广凤	省学术与技术带头人
50	2021	张　琼	省学术与技术带头人
51	2021	董建功	省学术与技术带头人
52	2023	李宜江	省学术与技术带头人
53	2023	姚宏志	省学术与技术带头人
54	2023	韩震军	省学术与技术带头人
55	2023	路丙辉	省学术与技术带头人

1991年以来享受国务院特殊津贴专家名录

序号	姓名	入选时间	所在学院
1	陈壁辉	1991年	生命科学学院
2	韩也良	1991年	国土资源与旅游学院
3	刘学锴	1992年	文学院
4	臧　宏	1992年	政治学院
5	丁万鼎	1992年	数学计算机科学学院
6	夏瑞庆	1992年	教育科学学院
7	陈育德	1992年	学报编辑部

续表

序号	姓名	入选时间	所在学院
8	李国祥	1992年	教育科学学院
9	胡炳生	1992年	数学计算机科学学院
10	戴本博	1993年	教育科学学院
11	周嘉槐	1993年	生命科学学院
12	马怀柱	1993年	化学与材料科学学院
13	方觉曙	1993年	国土资源与旅游学院
14	严祖同	1993年	物理与电子信息学院
15	陈立涤	1993年	物理与电子信息学院
16	孙毓飞	1993年	国土资源与旅游学院
17	莫嘉琪	1993年	数学计算机科学学院
18	刘世杰	1993年	物理与电子信息学院
19	王慕三	1993年	数学计算机科学学院
20	潘啸龙	1993年	文学院
21	杨国宜	1993年	历史与社会学院
22	张紫文	1993年	文学院
23	罗　超	1993年	历史与社会学院
24	孟庆惠	1993年	文学院
25	陈佐卿	1993年	外国语学院
26	张传开	1993年	政治学院
27	吴奎罡	1993年	政法学院
28	杜蒸民	1993年	历史与社会学院
29	孟繁炳	1993年	政法学院
30	蒋立甫	1994年	文学院
31	陶富源	1994年	政治学院
32	裘士京	2001年	历史与社会学院
33	褚道葆	2002年	化学与材料科学学院
34	李琳琦	2002年	历史与社会学院
35	胡传志	2002年	文学院
36	王官武	2005年	化学与材料科学学院
37	王　伦	2006年	化学与材料科学学院
38	谢昭新	2006年	文学院
39	庄华峰	2006年	历史与社会学院

续表

序号	姓名	入选时间	所在学院
40	王世华	2010年	历史与社会学院
41	房列曙	2010年	历史与社会学院
42	陆　林	2010年	国土资源与旅游学院
43	周晓光	2011年	历史与社会学院
44	王绍武	2012年	化学与材料科学学院
45	倪永红	2012年	化学与材料科学学院
46	李进华	2012年	生命科学学院
47	姚本先	2012年	教育科学学院
48	阮成武	2015年	教育科学学院
49	杨柏岭	2016年	新闻与传播学院
50	彭凤莲	2018年	法学院
51	王朝辉	2018年	地理与旅游学院
52	王广凤	2018年	化学与材料科学学院
53	夏云生	2023年	化学与材料科学学院
54	汪盛玉	2023年	马克思主义学院
55	朱国萍	2023年	生命科学学院

1999年以来享受安徽省政府特殊津贴专家名录

序号	姓名	入选时间	所在学院
1	翟　勇	1999年	美术学院
2	王绍武	2002年	化学与材料科学学院
3	吴孝兵	2004年	生命科学学院
4	周晓光	2004年	历史与社会学院
5	闫蒙钢	2004年	教育科学学院
6	李琳琦	2006年	历史与社会学院
7	王先俊	2006年	政法学院
8	朱国萍	2008年	生命科学学院
9	丁　放	2008年	文学院
10	方　青	2011年	历史与社会学院
11	朱家存	2011年	教育科学学院
12	阮成武	2012年	教育科学学院
13	耿保友	2012年	化学与材料科学学院
14	彭启福	2012年	政治学院

续表

序号	姓名	入选时间	所在学院
15	高　峰	2015年	化学与材料科学学院
16	董建功	2019年	数学与统计学院
17	汪盛玉	2020年	马克思主义学院
18	周俊强	2020年	法学院

1993年以来国家级教学名师、模范教师、优秀教师等一览表

序号	时间	姓名	荣誉称号
1	2003年	余恕诚	国家级教学名师(首届)
2	2004年	陶富源	全国模范教师
3	2008年	朱国萍	全国五一劳动奖章
4	2010年	朱国萍	全国先进工作者
5	2014年	华田苗	全国模范教师
6	1996年	钱广荣	全国高校百名两课优秀教师(首届)
7	1993年	潘啸龙	全国优秀教师
8	1995年	谢长根	全国优秀教师
9	1995年	周秉根	全国优秀教师
10	1995年	蒋玉珉	全国优秀教师
11	2001年	陆　林	全国优秀教师
12	2007年	张　敬	全国高校优秀教师
13	2019年	麻金继	全国优秀教师
14	2014年	张园园	全国优秀教师
15	2012年	方　玫	党的十八大代表
16	2014年	路丙辉	高校思想政治理论课教师2013度影响力提名人物
17	2019年	路丙辉	全国模范教师
18	2019年	路丙辉	全国最美思政课教师
19	2020年	路丙辉	全国先进工作者
20	2021年	路丙辉	全国优秀共产党员
21	2022年	路丙辉	党的二十大代表
22	2013年	路丙辉	全国师德标兵
23	2021年	阮成武	全国五一劳动奖章
24	2023年	王春雨	全国五一劳动奖章

三、科学研究　硕果累累

学校学科涵盖了哲学、经济学、法学、教育学、文学、历史学、理学、工学、农学、管理学、艺术学、交叉学科等12个门类。入选安徽省高峰学科6个、高峰培育学科4个，进入ESI全球前1%学科5个，安徽省重点学科18个，省级学科建设重大项目3个。

学校现有教育部人文社会科学重点研究基地1个，教育部重点实验室1个，教育部国别和区域研究中心1个，省部共建协同创新中心1个，安徽省基础学科研究中心1个，安徽省重点智库1个，安徽省“2011协同创新中心”1个，安徽省高校人文社会科学重点研究基地5个，安徽省重点实验室7个，安徽省高校重点实验室4个，安徽省工程研究中心(工程实验室)7个，安徽省高校工程技术研究中心1个，安徽省哲学社会科学重点实验室1个，安徽省新型产业共性技术研究中心1个，安徽省乡村振兴协同技术服务中心1个。

教育部人文社会科学重点研究基地——安徽师范大学中国诗学研究中心

“安徽师范大学中国诗学研究中心”成立于2000年，2001年3月被教育部批准为全国10所省属高校人文社科重点研究基地之一，现为教育部人文社会科学重点研究基地(全国共151个)。奠定中心学术基础的研究成果主要有三个方向：一是诗人诗作研究；二是诗学理论研究；三是古典诗歌接受史研究。其中影响最大的是诗人诗作研究，这个方向中的唐诗研究很早就被认为是国内重要的研究基地之一，尤其是对晚唐大诗人李商隐的研究，为国内外公认的权威所在。近年来，中心发挥诗学文献研究与理论研究并重、重视诗学的文学研究本质等传统优势，将文献学与文艺学、文化学相结合，广泛吸收多学科的理论方法，促进传统诗学向现代转换，推出了一批具有影响的重要成果，其中《唐诗选注评鉴》被誉为当代最好的唐诗大型选本。中心现设有诗学理论与传统文化研究室、古典文献与诗史传统研究室、明清诗学研究室、近现代诗学研究室4个研究室，建有安徽大学中国诗学研究中心分中心等6个分中心。

我校中文系1985届校友、当代著名作家、学者鲍鹏山来诗学中心讲学

《唐诗选注评鉴》（十卷本）出版座谈会暨唐诗选本学术研讨会

教育部重点实验室——功能分子固体教育部重点实验室

“功能分子固体教育部重点实验室”于2008年10月批准立项建设，2012年5月通过验收获准成立。实验室的成立支撑了我校化学学科、材料学科的发展，使我校化学学科稳定

ESI全球前1%，材料学科进入ESI全球前1%。2018年12月功能分子固体教育部重点实验室以"良好"的成绩顺利通过教育部五年工作评估。

实验室成立以来，本着"着眼国际前沿领域、提升基础研究水平和强化应用成果转化"的指导思想，依据化学学科、材料学科等学科交叉发展的前沿和趋势，通过规划、设计、凝炼和培育，逐步形成五个特色研究方向：(1)稀土金属有机化学与材料；(2)单原子、团簇催化材料；(3)生物功能材料；(4)功能有机染料；(5)洁净能源材料。近年来，围绕学科前沿和社会需求，在科学研究、人才培养和社会服务等方面做了大量卓有成效的工作，取得系列创新性成果。

"功能分子固体"教育部重点实验室第二届学术委员会2020年度会议代表合影

"功能分子固体"教育部重点实验室"青年化学家"系列论坛活动

省部共建协同创新中心——皖江流域退化生态系统的恢复与重建省部共建协同创新中心

"皖江流域退化生态系统的恢复与重建省部共建协同创新中心"源于安徽师范大学牵头申报的、2013年安徽省教育厅批准立项建设的"皖江城市带退化生态系统的恢复与重建协同创新中心"。于2019年9月获教育部批准立项建设。中心的定位是面向安徽区域发展需要，为安徽省生态强省建设贡献人才和智力、提供技术支撑。

中心自成立以来，以"着眼国际前沿领域、提升基础研究水平和强化应用成果转化"为指导思想，以生态学学科、环境科学与工程、生物学和地理学等交叉学科为依托，通过规划、设计、凝炼和培育，逐步形成以下六个特色研究方向：(1)皖江流域生态环境风险和生态系统退化的主要诱因；(2)皖江流域珍稀濒危动物退化生境恢复重建的技术集成与示范；(3)皖江流域退化水生态系统恢复重建的技术集成与示范；(4)皖江流域退化陆地生态系统恢复重建技术的集成与示范；(5)皖江流域健康生态系统评价体系与标准；(6)皖江流域环境修复型生物物种的繁育和产业化。近年来，围绕学科前沿和社会需求，中心在科学研究、人才培养和社会服务等方面做了大量卓有成效的工作，取得一系列创新性成果。

“皖江流域退化生态系统的恢复与重建省部共建协同创新中心”
于2020年组织的论坛

省级以上科研平台一览表

序号	类别	名称	负责人
1	教育部人文社会科学重点研究基地	中国诗学研究中心	胡传志
2	教育部重点实验室	功能分子固体教育部重点实验室	商永嘉
3	教育部省部共建协同创新中心	皖江流域退化生态系统的恢复与重建省部共建协同创新中心	席贻龙
4	教育部国别和区域研究中心	伏尔加-第聂伯两江流域研究中心	杨素梅
5	安徽省重点智库	安徽文化发展研究院	李琳琦
6	安徽省基础学科研究中心	清洁能源与催化安徽省基础学科研究中心	李亚栋
7	安徽省重点实验室	江淮流域地表过程与区域响应安徽省重点实验室	方凤满
8		分子基材料安徽省重点实验室	周双六
9		光电信息材料功能调控与应用安徽省重点实验室	陆　洲
10		分子酶学与重大代谢性疾病机理研究安徽省重点实验室	朱国萍
11		皖江流域生物多样性保护与生态安全安徽省重点实验室	吴孝兵
12		工业智能数据安全安徽省重点实验室	罗永龙
13		生物医学材料与化学测量安徽省重点实验室	高　峰
14	安徽省人文社会科学重点研究基地	马克思主义研究中心	姚宏志
15		皖南历史文化研究中心	徐　彬
16		旅游发展与规划研究中心	陆　林
17		创意产业发展研究中心	丁云亮
18		教育改革与发展研究中心	王　伦
19	安徽省2011协同创新中心	安徽省教师教育协同创新中心	王　伦
20	安徽省工程研究中心（工程实验室）	安徽省水土污染治理与修复工程研究中心	杨如意
21		安徽省智能机器人信息融合与控制工程研究中心	方明星
22		安徽省新能源汽车电池储能材料工程实验室	耿保友
23		安徽省医疗大数据智能系统工程研究中心	陈付龙
24		安徽省高碳产业碳中和工程研究中心	熊宇杰
25		安徽省分子检测与诊断工程研究中心(筹)	朱国萍
26		安徽省智能学习技术与系统工程研究中心(筹)	聂竹明
27	安徽省高校重点实验室	生物环境与生态安全安徽省高校重点实验室	席贻龙
28		化学与生物传感安徽省高校重点实验室	高　峰
29		电化学清洁能源安徽省高校重点实验室	耿保友
30		基因疾病与健康生物医学安徽省高校重点实验室	朱国萍
31	安徽省高校工程技术研究中心	资源环境与地理信息工程安徽省工程技术研究中心	麻金继

续表

序号	类别	名称	负责人
32	安徽省哲学社会科学重点实验室	徽文化生态安全及文旅融合发展实验室	陆林
33	安徽省新型产业共性技术研究中心	新能源与节能环保产业共性技术研究中心	熊宇杰
34	安徽省乡村振兴协同技术服务中心	繁昌现代农业绿色发展乡村振兴协同技术服务中心	聂刘旺

省级、校级新型智库一览表

序号	智库名称	级别
1	安徽省文化发展研究院	省级
2	中华传统文化研究院	校级
3	当代中国政治与地方治理研究中心	校级
4	社会治理研究中心	校级
5	教育改革与发展研究中心	校级
6	媒介文化与传媒产业发展研究中心	校级
7	旅游发展与规划研究中心	校级
8	区域发展研究中心	校级

特色优势研究领域一览表

序号	领域名称	所在学院
1	中国语言文学传承与创新	文学院
2	徽学研究	历史学院 美术学院
3	马克思主义中国化理论与实践	马克思主义学院
4	教师教育研究	教育科学学院
5	稀土金属有机化学与材料	化学与材料科学学院
6	皖南国际文化旅游示范区协同创新研究	地理与旅游学院
7	长江中下游濒危物种致濒机制及保护生物学研究	生命科学学院
8	体育社会资源综合研究	体育学院
9	媒介文化与传媒产业发展研究	新闻与传播学院
10	安徽地方音乐文化研究	音乐学院
11	安徽产业升级与小微企业发展	经济管理学院
12	随机分析与数理金融	数学与统计学院
13	原子分子光谱及动力学	物理与电子信息学院

高端科研平台一览表

序号	平台名称	依托学院
1	法治中国建设研究院	法学院
2	随机分析与数理金融研究中心	数学与统计学院
3	中国诗学资源发掘与利用研究中心	文学院

续表

序号	平台名称	依托学院
4	中国区域文化研究院	历史学院
5	纳米科技交叉科学研究中心	化学与材料科学学院
6	生命组学与健康研究中心	生命科学学院
7	低维体系物理及应用研究中心	物理与电子信息学院
8	长江流域生态研究院	生态与环境学院
9	长三角一体化发展研究院	经济管理学院
10	眼科创新药物研发中心	化学与材料科学学院
11	乡村振兴研究院	经济管理学院
12	徽学研究院	历史学院
13	智慧渔业与生态保护研究中心	生态与环境学院
14	神经医学与化学生物学交叉研究中心	化学与材料科学学院

“十四五”以来，获批国家级项目230项，其中国家自然科学基金123项（包含重大项目课题1项和海外优青项目1项），国家社会科学基金107项（包含重大项目2项和重点项目13项）；获省部级以上科研成果奖41项，其中一等奖5项；发表高水平科研论文1 562篇，其中顶级期刊54篇，出版学术著作226部；新增省部级平台9个，其中，李亚栋院士领衔的清洁能源与催化安徽省基础学科研究中心是省属高校唯一获批建设的基础学科研究中心。年均举办各类学术论坛报告300场次。

学习贯彻习近平总书记致中国历史研究院成立贺信精神5周年重大成果发布会议程

一、时间：2024年1月4日14:30

二、地点：中国历史研究院执中楼中流厅

三、议程

[illegible]主持

1.中国社会科学院副秘书长，中国历史研究院常务副院长、党委常务副书记马援同志致辞

2.中国历史研究院副院长，党委常委李国强同志发布《（新编）中国通史纲要》《中华文明史简明读本》

3.专家推介重大成果

（1）中共中央党校（国家行政学院）刘晨光教授推介发布成果：《大道之行与中国共产党》《中华优秀传统文化何以通向马克思主义》

（2）中国人民大学[illegible]教授推介发布成果：《辽祖陵：2003-2010年考古调查发掘报告》《敦煌通史》

（3）中国人民大学[illegible]教授推介发布成果：《清代国家统一史》《中国历代治理体系研究》

（4）首都师范大学[illegible]教授推介发布成果：《拜占庭帝国大通史》《非洲阿拉伯国家通史》

（5）国家图书馆[illegible]研究馆员推介发布成果：《六百年徽商资料集成（1368-1956）》《海上丝绸之路文献集成·历代史籍编》

4.现场答问

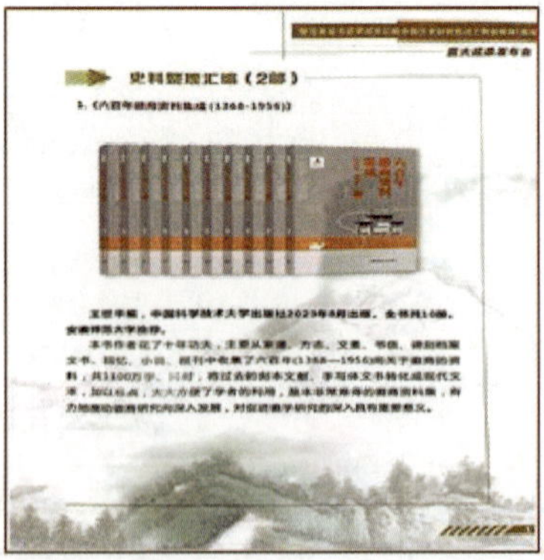

王世华教授国家社科重大项目成果《六百年徽商资料集成（1368—1956）》入展学习贯彻习近平总书记致中国历史研究院成立贺信精神5周年重大成果发布会

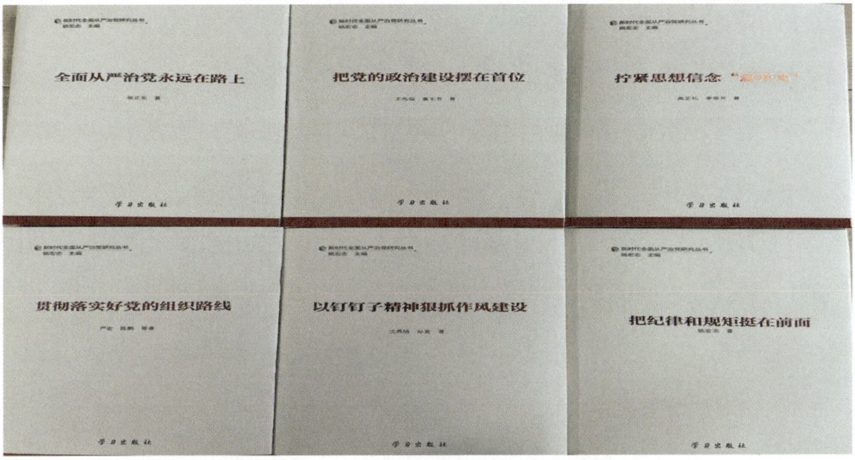

姚宏志教授主持的安徽省哲学社会科学规划重大项目“习近平总书记关于全面从严治党重要论述研究”的最终研究成果“新时代全面

获批清洁能源与催化安徽省基础学科研究中心

（省属高校唯一）

加快科技成果转移转化，社会服务能力不断增强。2022年，学校入选“国家知识产权信息公共服务网点”，并获得高价值发明专利培育项目；2023年，安徽师范大学芜湖技术转移中心考核首次获得A类等次，获绩效奖励30万元。学校承担各类服务项目443项，横向到账经费累计9 205万元。其中，2023年度累计横向科研项目到账经费4 162万元，同比增长65.8%。专利数量大幅增长，累计申报发明专利401件，授权发明专利473件，发明专利申请量和授权量在全省高校中名列前茅，133项专利成果转让或投产，社会效益和经济效益显著。

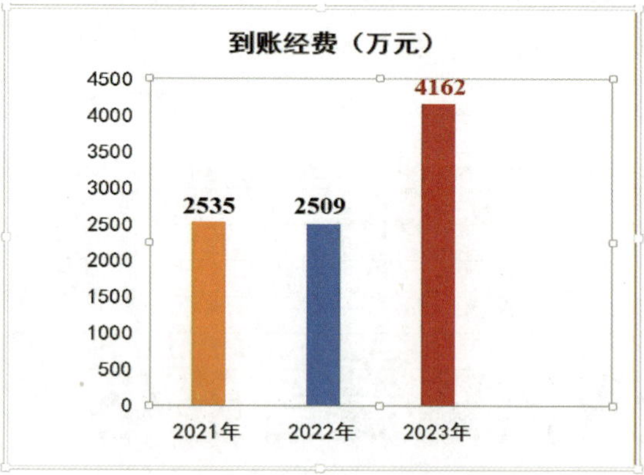

2021—2023年横向项目到账经费一览表

四、校园美化　风光无限

学校拥有赭山、花津、天门山三个校区，校园占地总面积195.25万平方米，建筑面积90.62万平方米。花津校区以“曲水流觞、文华共享”为主题，结合学校历史和人文特色，依托自然环境和条件，设计了“一河、两轴、四片、八点”的景观格局，特别是沿着“花津河”营造了八个景色宜人、内涵丰富的景观点。赭山校区背靠赭山，面朝镜湖，底蕴深厚，满园苍翠，名贵树木繁多，文化氛围浓厚。天门山校区毗邻芜湖市风景秀丽的龙头山、凤鸣湖风景区，校园绿树成荫，幽雅静谧，文化气息浓郁。

近年来，学校通过绿化、亮化、美化工作，充分利用得天独厚的自然条件，注重植物与建筑的有机融合，天然景观与人工造景的有机结合，融艺术性、科学性和功能性于一体，实现了四季有景、处处有景，构成了现代化、信息化、园林式、生态型的大学园区。2011年，学校被中国网评为中国最美丽10所大学之一。

赭山校区敬文园

赭山校区荷园

花津校区校园一角

花津校区校园一角

五、国际交流　日趋活跃

学校坚持把对外开放作为一项重要战略，积极推进国际交流与合作，按照学习借鉴、提高水准、扩大影响的理念，不断加强与国外高校、企业、政府部门的联系，学校的生存和发展空间不断拓展。

1984年6月，学校成立外事办公室和侨务办公室，与校长办公室合署办公，不断加大国际交流与合作的步伐。学校分别于1986年、1987年、1988年起，开始接收自费外国留学生、公费外国留学生、享有中国政府奖学金的外国留学生。1992年，学校被国家教委正式确定为长期招收外国留学生的80所院校之一。2004年开始，学校有计划地实施了“中德网上经济学教育”项目、中美“1+2+1”人才合作培养等项目。2007年3月，经国家和省主管部门批准，学校成为“国家汉语国际推广基地”和“安徽省汉语国际推广中心”。2012年，安徽师范大学、海南大学与澳大利亚查尔斯·达尔文大学合作建立了孔子学院。2018年,安徽师范大学和乌克兰扎波罗热国立大学合作建立了孔子课堂。两所孔子学院（孔子课堂）正不断扩大在当地的影响力，不仅成为澳大利亚中北部和乌克兰扎波罗热州了解中国和中国文化的重要窗口，也是澳大利亚和乌克兰与安徽省开展各类教育交流活动的重要平台。2014年9月，安徽师范大学和俄罗斯米宁大学签署友好合作框架协议书。至此以来，两校积极响应“一带一路”政策的号召，利用双方地处长江流域和伏尔加河流域的地域文化学术优势，彼此信任，密切配合。经过共同努力，双方在互访互派、学术交流、协同育人、科研合作等方面，开展了全方位、多层次的交流与合作，取得了丰硕的成果。两校携手打造了中俄高校的合作典范，并促进了中俄人文交流的共同发展。目前，学校外国留学生奖学金种类增加到中国政府奖学金、国际中文教师奖学金、留学安徽奖学金、留学安徽师范大学奖学金四种，来自瑞典、芬兰、俄罗斯等28个国家190名外国留学生在校接受本科、硕士、博士层次的学历教育和长短期汉语培训。学校分别与美国约翰逊大学、美国布莱诺大学举办现代教育技术硕士、学前教育本科中外合作办学。与美国纽约州立大学奥尔巴尼分校、英国哈斯菲尔德大学、法国格勒诺布尔大学、俄罗斯彼得罗·扎沃茨克大学等10所高校在化学、新闻学、外语和会计学等12个本科专业开展联合培养。学校已与美国俄亥俄州立大学、韩国外国语大学、法国格勒诺布尔大学、英国斯旺西大学、马来西亚理工大学等40多所高校建立了友好关系，每年出国学习、交流师生200多人。接收学分认可短期交换生、双学位交换生的国外高校已分别达到50余所、40余所。

随着经济全球化的发展，高校国际化趋势不断加强，世界各高校、教育组织和机构间的交流以及学者互访活动越发成为加强人才培养、促进学科建设、推动教学改革、提高办学水平的重要组成部分。2014年以来，学校在已有校际交流的基础上，与境外高校、教育组织和机构间往来更为频繁，联系更为紧密，校际交流领域不断拓宽，交流方式日趋多样，交流层次日渐提高。

留学生参加2024年学校龙舟比赛

留学生杰克和星琳分获第二届外国人讲安徽故事大赛决赛二等奖、三等奖

校党委常委、常务副校长熊宇杰会见马来西亚理工大学校长一行
并签署合作协议

第二节　文化传承　历久弥新

徽风习习，皖韵悠悠。从敬敷书院一路走来的安徽师范大学，有着太多的魅力，不仅仅是徽风皖韵的美景和“碧水东流至此回”的雄壮，更多的还是文化的厚重与张力。徽文化的滋养，行知精神的激励，历代先贤的传承创新，赋予了师大校园深厚的人文底蕴和浓郁的文化氛围，为青年大学生成人成才提供良好的土壤。

一、师大精神，薪火相传

90年来，安徽师范大学虽然历尽沧桑，校址数迁，校名几易，但弦歌不辍、特色不改、传统不失，始终有一种强大的力量，形同金线穿珠，井然璀璨，这就是一代代师大人从师大先贤身上传承下来厚重朴实、至善致远、追求卓越、自强不息的师大精神。

厚重朴实

厚重朴实，向来就是安徽文化的写照。无论是先秦时期的涡淮文化，还是宋明以来的新安理学，抑或明清兴起的桐城派，安徽文化都闪烁着厚重朴实的精神。安徽师范大学的建设和发展也一直秉承厚重朴实的作风。突出表现是，九十年历程，艰难曲折，师大人从不言弃。

至善致远

安徽师范大学始终把“立德树人”作为教育的目的。从早期的安徽大学，到后来命名的安徽师范大学，一直把人才培养传承作为自己的第一职能。至善致远的精神早就浸入了师大人的灵魂之中。建国初期，许杰在主持安徽大学工作期间，对政治教育委员会的要求甚至包括要“有重点的举行‘习明纳尔’”，也就是我们现在广为提倡的师生共同开展的学术研讨。其要求之前沿，眼光之深远，令人敬佩。

追求卓越

安徽师大人追求卓越的精神世代相传。张涤华先生任副主编的《汉语大词典》共12卷，词条37万余条，5 000万字。该书从1975年开始编写，历经16年，1991年出版。其间耗费了多少师大人的心血和才智，我们已不得而知，但其追求卓越的精神令人感佩。今天师大的许多传统学科，无一不是在这样的精神激励下，不断超越自我，创造新的成绩，迈向新的高度。

自强不息

左：安徽省人大常委会副主任苏平凡（右）与田家炳（中）、副省长蒋作君（左）为田家炳教育书院竣工剪彩；右：新校区建设奠基仪式

左:安徽师大出版社有限责任公司揭牌仪式;
右:安徽师大敬文图书馆奠基仪式

大学者,乃养成大气之精神,做成大气之学问,育成大气之人才的殿堂。已故副校长文秉模教授曾经在总结自己半个多世纪的教学生涯时说:致天下之治在人才,成天下人才在教化,成教化之业在教师。在经济快速发展的时代,芜湖没有占得任何区位优势,但是安徽师范大学却一直守护着这座城市的文化薪火,弘扬着安徽乃至中国文化的传统,形成了师大精神,铸就了师大精魂。

长期在学校工作过的安徽省原省长王郁昭对学校感情笃深。师大建校70周年他的题词为“七十春秋,几经变革,唯我师大,相承一脉”,建校80周年又题写了“杏坛桃李万千树,相承一脉八十年”的赞词。相承一脉的就是师大精神,就是引领一代代师大人永不停息、奋斗不止、历久弥新的精魂。这是一位老校友对安徽师范大学薪火相传的内心期许,也是无数受师大精神影响的校友们的精神写照。

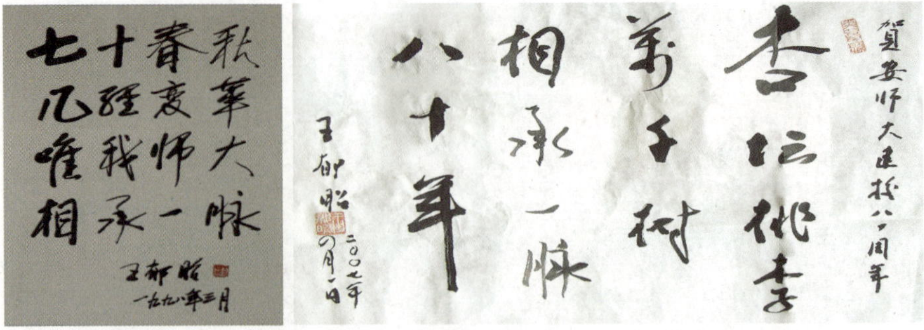

原安徽省省长、老校友王郁昭为70周年、80周年校庆题词

正是有这种精神，师大人始终秉承着创业维艰、奋斗以成的顽强信念，始终保持着昂扬向上、不屈不挠的旺盛斗志，砥砺前行，推动安徽高等教育不断向前发展。安徽师范大学校歌、校训、校徽就是其最集中的体现。

校　歌

潜岳苍苍，江淮汤汤。夏商肇启，雍容汉唐。
文化丕成，民族是昌。莘莘多士，跻兹上庠。
潜岳苍苍，江淮汤汤。缅怀先哲，管仲蒙庄。
高文显学，宋清孔彰。莘莘多士，跻兹上庠。

安徽师范大学校歌

这首校歌，沿用了学校前身省立安徽大学1933年第九次校务会议审定的校歌，由省立安徽大学校长程演生作词、上海国立音乐学院院长萧友梅作曲，最早刊载在《安徽大学周刊》第125期上。这首歌立意深远、古意凝重，皖学典故剪裁妥帖，很快被广大师生传唱开来。这首旷世杰作，也在学校吟唱沿承至今。

校　训

厚德、重教、博学、笃行

安徽师范大学校训是："厚德、重教、博学、笃行"。"厚德"突出了德育为首的教育理念，是思想灵魂；"重教"强调的是办学特色、办学理念，是职业操守；"博学"是求学、治学的目标、方法，是知识气度；"笃行"强调知行合一，重视实践的教育理念，是行为风范。"厚、重、博、笃"，寓意厚重笃实、博雅精深，展示安徽师大敦厚丰富的精神底蕴和人文内涵；"德、教、学、行"，寓意师大德才兼备的培养目标和教育家陶行知"教学做合一"的教育理念。这八个字有机地凝练出"学高为师，身正为范"，以及"德才兼备""知行合一"的师资发展与人才培养规格。师大校训深深砥砺了一代又一代学子的人格品行，成为师大人不懈努力和学校传承发展的动力源泉。

校　徽

安徽师范大学校徽为圆形图案，校徽上部是郭沫若先生为我校亲笔题写的校名；下部 ANHUI NORMAL UNIVERSITY 为英文校名；中间图案为教师正在授课的形象，表达教书育人、为人师表之寓意，其中●代表太阳，下面由变形的校名缩写"安师大"的汉语拼音第一个字母 A、S、D 组成，1928 代表建校时间，蓝色象征蓝天或黑板，寓意为"教师是太阳底下最光辉的职业"。

校　徽

二、徽风皖韵　木石史书

一山一境界，一水一文章。这所近百年老校的每一幢建筑、每一处风景，都是凝固的历史，流动的记忆，散发着深厚的学术底蕴和浓郁的文化气息，诉说着这所学校的昨天、今天和明天，成为师大永恒的风景。校园景观文化丰富的育人功能，为师大文化的繁荣和师大精神的传承奠定了坚实的基础。

安徽大学红楼

位于安庆市菱湖南路192号，现安庆师大校园内

在安庆办学时期，当时的校址就在昔日的敬敷书院。敬敷书院于清顺治九年（1652）创建。敬敷一词出自《尚书·舜典》，意思为恭敬地施行教化。在三百多年的发展过程中，敬敷书院成为桐城派文学重镇，促进了安徽文化的近代发展。尤其是20世纪三四十年代省立安徽大学和国立安徽大学时期的教学楼——红楼，更是安徽省高等教育的标志性建筑，2013年被国务院确定为全国重点文物保护单位，这也是安徽省教育建筑领域第一个“国保”单位。从安徽大学的成立开始，红楼的命运就和其息息相关。一代代学子走进红楼，踏入更广阔的社会，其中更是有很多人成为时代的栋梁。但他们的起点总是和红楼联系在一起。毕业之际，他们一定要在红楼前合个影，因此，红楼也就成了他们人生的一个见证。

皖江中学堂遗址

皖江中学堂暨省立五中遗址

在安徽师范大学赭山校区后山，在茂盛的绿树掩映下，有一座老式建筑藏身其中。房屋的外墙已经斑驳，藤蔓植物爬上了屋顶，两棵大树像卫士一样守在拱形院门外。房屋为砖木结构，梯级三进，四合院式平房，占地面积1328平方米，门前有20级花岗岩麻石台阶。院墙西南角有两块大理石铭碑，其中一块上面写着“全市重点文物保护单位皖江中学堂暨省立五中旧址（清代）”。在一百多年前的历史风云中，许多著名教育家、思想家、革命家、学者，如严复、陈独秀等，曾在这里工作和学习。当时这里被誉为“安徽的北大”，涌现出蒋光慈、曹渊、祖晨、吴组缃、吴葆萼、张怀璋等一批先进知识分子，推动了新文化运动和马克思主义在安徽传播，为中国共产党培养了一批革命骨干，对中国革命史、中共党史，特别是安徽现代革命史作出了重大贡献。

萃文中学遗址

萃文中学教学楼旧址

竟成楼旧址

现赭山校区凤凰山教师宿舍区有1911年所建的加拿大教会学校——萃文中学遗址。1876年中英《烟台条约》签订后，芜湖被开辟为商埠。加拿大传教士毕竟成来芜创设来复会，在范罗山东购地筹建教堂，并于1903年在冰冻街创办育英学堂，1906年改名为萃文书院，规模甚小，仅有一个班。不久，在凤凰山兴建校舍，书院迁至凤凰山，约在1910年以前，改名为萃文学堂（由来复会、基督会合办），以后称萃文中学，后陆续更名为芜湖第四中学、师范学院附属中学、皖南大学附中、安徽师大附中。

陶行知铜像

在师大赭山校区，有一座建立于1991年的陶行知先生的全身铜像，铜像底座正面镌刻着毛泽东同志手书的“伟大的人民教育家陶行知先生”。这处景观现已成为师大学生和芜湖市中小学生爱国主义教育基地。

陶行知先生与师大有很深的渊源关系。陶行知是安徽师范大学前身省立安徽大学的倡办人之一。陶行知原名陶文濬,1910年在金陵大学读书时,因信仰王阳明的“知行合一”学说,改名陶知行。以后他在实践中认识到王阳明的“知是行之始,行是知之成”的说法不准确,而应是“行是知之始,知是行之成”,故毅然改名为陶行知。1934年12月24日,陶行知先生应邀来校讲学,讲演的题目是《普及教育》,《安大周刊》第167期刊登了这篇讲演。正是在这次讲演中,陶行知宣布将“知行”改为“行知”。

赭山校区教学楼前的陶行知铜像

学习陶行知教育思想一直是安徽师范大学多年来的办学传统。行知精神也哺育了一代又一代师大人。1989年9月学校成立了陶行知教育思想研究会,学校教育科学学院还设置了“陶行知教育思想研究室”,发表了一批有影响的理论成果。学校现在是全国少数几所在陶行知教育思想研究方面有重要影响的师范大学之一。

三、馆藏丰富，积淀厚重

安徽师范大学历史悠久，人才辈出，在教育教学、科研等方面硕果累累，有着丰富而宝贵的文化资源。学校现有图书馆、档案馆、校史馆、博物馆、标本馆等馆藏资源，是展示学校历史文化、展现学校办学特色、体现我校办学成果的重要窗口，也是反映高校人才培养、科技创新、社会服务、文化传承四大职能的重要平台，具有十分重要的文化教育和社会服务功能。

图书馆

安徽师范大学图书馆始建于1928年，先后经历了省立安徽大学图书馆、国立安徽大学图书馆、安徽师范学院图书馆、合肥师范学院图书馆、皖南大学图书馆、安徽工农大学图书馆、安徽师范大学图书馆等时期。现由花津校区敬文图书馆、赭山校区图书馆和皖江学院图书馆组成。

赭山校区图书馆

天门山校区图书馆

花津校区敬文图书馆

现有馆藏文献总量301.11万余册，涵盖所有学科。中外文期刊保持在1 600种以上，电子图书212.1余万种，数据库104种。图书馆以馆藏古籍为特色，古籍总量近19万册，位居安徽省高校之首。其中，善本古籍700余部，《洪武正韵》为国内唯一全本、元刻明递修《通志》、明嘉靖刻本《李太白全集》《杜工部集》均为海内珍本；地方志收藏颇具规模，藏有方志1.9万余册。拥有省内高校图书馆最丰富的1949年前报刊（8 000余册）、图书（3.5万余册），世界著名的《科学文摘》（英国）、《生物文摘》和《化学文摘》（美国）、《文摘杂志》（苏联）均有收藏。

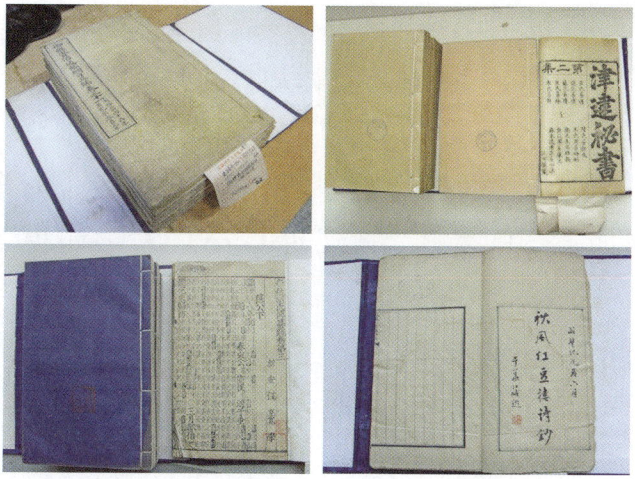

图书馆部分馆藏珍品

档案馆

安徽师范大学档案馆馆藏档案始于1916年，现为档案工作目标管理“安徽省特级单位”。珍藏的“国立安徽大学关防”和“省立安徽学院关防”这两枚民国时期铜质印章被誉为“镇馆之宝”。

国立安徽大学关防、省立安徽学院关防

珍贵资料包括毛泽东、刘少奇、陈毅、胡耀邦、李鹏、乔石、曾希圣、李岚清、万国权、韩启德、王郁昭、刘奇葆、周远清等领导和郭沫若、丁玲、苏雪林、顾毓琇、钱学森、魏巍、王蒙等知名作家、科学家的题字、照片，学校各个时期的毕业证书实物档案700多件，解放初期安徽大学印模等历史档案。

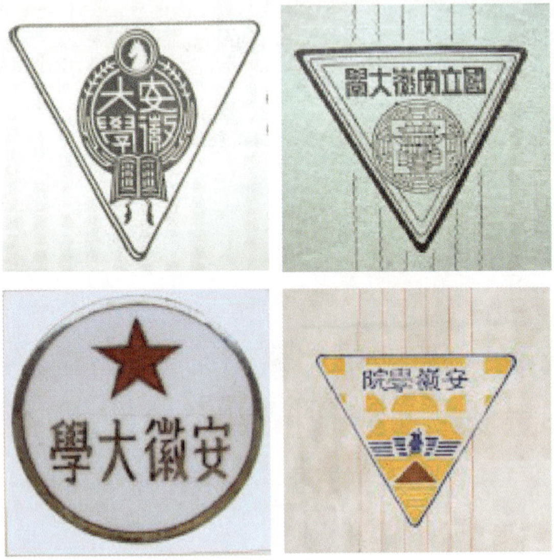

安徽大学、安徽学院校徽

校史馆

安徽师范大学校史馆

安徽师范大学校史馆是 2018 年校庆90周年前夕，在

2007年建立的校史馆基础上重新设计建造而成。馆内全面展现了学校八个办学阶段的发展历程，由序厅、历史追溯、跨越发展、名流题词、校园变迁、历任校领导、杰出校友、领导关怀、多媒体互动等11个展区组成。

部分外宾、校友及学生入馆参观

校史馆是我校校园文化建设的重要组成部分，是反映学校建设与发展的缩影，是宣传学校的重要窗口，是对学生进行爱国爱校教育的重要基地，也是返校校友、国内外嘉宾经常参观的重要场所。

博物馆

2007年，学校在原有历史系文物陈列室的基础上，建立了安徽师范大学文物陈列馆，后改为博物馆。馆藏文物一千多件，经初步鉴定，专家认为，安徽师大藏品之精美、精品率之高，远超于一般省级博物馆，在全国师范类院校中实属罕见。藏品中有上百件可定为国家等级文物，其中既有价值连城的明清官窑瓷器、青铜器精品、雕漆器，也有反映地方历史文化特色的文物。在全国师范类院校中，收藏品如此丰富的并不多见，能够按照中国通史陈列展出的更是凤毛麟角。

博物馆部分馆藏珍品

博物馆分文物厅与字画厅两个部分。其中文物展以中国古代历史的发展进程为序，并遵循相对集中原则进行布展，共分石器时代、夏商周时期、春秋战国、秦汉、魏晋、隋唐、宋、元、明清等几个单元分别展出，并配以大量的图片，扩大知识的容量。陈列内容与布展设计充分考虑到教学的需要，注重发挥文物在历史教学、传统文化教育以及爱国主义教育等方面的作用。

部分外宾、校友及大、中、小学生入馆参观

标本馆

安徽师范大学生物标本馆

标本馆部分馆藏标本

安徽师范大学生物标本馆是目前国内高校中建立较早、规模较大的标本馆之一。其前身为建立于1952年的国立安徽大学生物科动植物标本室。2001年，作为生物多样性资源信息库被列为安徽省重大建设专项，由省财政厅和教育厅共同出资进行了改造扩建；2006年正式命名为安徽师范大学生物标本馆。

标本馆总建筑面积近2 500平方米，分为浸制、剥制、腊叶、生态、蝶类、人体等九个标本分馆。保存有从低等的海绵动物到高等水生哺乳动物浸制标本5 000余份；鸟类和兽类剥制标本1 000余份；植物腊叶标本近60 000份；蝶类标本300余份；昆虫标本1 500余份；人体标400余件；白鳍豚、扬子鳄、黄山梅、黄山木兰等珍稀濒危动植物标本400余份。其中由本校教师发现的甲壳动物新种模式标本5种、植物新种模式标本40余种。

四、社团文化，异彩纷呈

大学生社团是大学校园文化建设的重要载体，是展示学校办学特色的重要窗口，也是新时期进行大学生思想政治教育工作的重要平台。安徽师范大学学生社团活跃、社团活动丰富、社团管理规范，全校共有思想政治类、学术科技类、创新创业类、文化体育类、志愿公益类、自律互助类、其他类等7类社团共73个。

江南诗社

成立于1983年，曾与北京大学的五四文学社、复旦大学的复旦诗社、吉林大学的赤子心诗社并称为全国高校四大文学社团，引领全国高校诗歌风华。自成立以来，江南诗社秉承“育少年英才激扬文字，传国学精粹继往开来”的宗旨，发展会员4 000多名，培养出如钱叶用、袁超、祝凤鸣、查结联、方文竹、罗巴、常河、徐春芳、李商雨等二十多位全国著名诗人，出版诗集近百部，发表诗文数千篇。江南诗社实践成果丰硕，历年编发的诗歌作品多次被全国各大文学刊物转载，部分作品曾发表在《人民文学》《诗刊》《星星诗刊》《飞天》等全国著名刊物上；2023年发布新书《诗江南——江南诗社四十周年纪念诗选》；获评2023—2024学年安徽省高校联通杯“活力社团”TOP100榜；创办校园刊物《江南诗刊》，繁荣师大文化；社刊《冷风景》被《诗歌月刊》评为全国民间40种有影响力的诗刊之一。四十余载弦耕不辍，如今的诗社已发展为熔诗歌、散文、小说、戏剧、电影、文学评论等多种文学元素于一炉的综合性文学社团，力求打造充满生机、诗味盎然的江南。

学生德育研究会

成立于1991年3月19日，30多年来始终坚持以“悟道习德，育己树人”为宗旨，立足校园实际，为繁荣校园文化、帮助大学生成长成才而不懈努力。在学生德育研究会创始人、党的二十大代表、马克思主义学院教授路丙辉的指导下，社团陆续推出了“丙辉漫谈”“民族风情展”“放飞理想”演讲比赛等特色活动。社团曾入围2022年全国高校“活力社团”风采展示榜，并连续多年荣获校“十佳社团”“优秀社团”称号；“丙辉漫谈”曾获教育部高校校园文化建设优秀成果二等奖、安徽省首届思想政治工作创新案例、第十三届“感动师大”十佳事迹、首届校级精品活动；“民族风情展”曾获校十佳精品活动。燃灯传薪三十余载，社团相关活动事迹先后得到光明日报、新华网、党建网、中国青年网、安徽日报等中央、省级媒体广泛关注。

大学生心理研究会

成立于1983年，始终坚持以“锻炼自己，服务他人”为宗旨，一直在为护航“心”成长，提升“心”素养努力着。社团结合社团宗旨和特色，推出“321睡眠日”主题活动、“525我爱我”心理剧本大赛活动、“1025邀您爱我”主题团辅活动等品牌活动。2013年启动成立“全心全益·心灵护航”志愿者大队，常规化和集中性开展志愿服务活动，全面构建“课程+团辅+咨询+反馈+研究”的心理育人内容，十年来，共计1 000余名师生累计开展志愿服务时长超60 000小时，累计服务人数超50 000人，该志愿项目荣获第六届中国青年志愿服务项目大赛关爱少年儿童类项目全国银奖、安徽省金奖。2024年，入选全国高校“活力社团”，并连续多年荣获校“十佳社团”“优秀社团”称号;2023年成为共青团中央直接联系、跟踪培养的高校学生心理健康社团;曾在1988年,于国家级的刊物《心理科学》发表文章。历经41年的风雨传承,大学生心理研究会用时间证明,做一件小事,改变一批人,影响一代人。

大学生物理爱好者协会

成立于2020年,协会以热爱物理学的在校大学生为主体,普及物理学知识,提高物理学素养;以“格物致理,实践创新”为宗旨,培养学生实践创新能力,增强学生科学研究意识;以“关注前沿物理,热心物理教育”为工作中心,致力于培养物理师范技能,激发在校大学生学习物理的热情。协会连续四年举办物理学师范生技能大赛,累计共800余名学生积极参赛,为“格致杯”全国物理师范生教学技能大赛选拔优秀选手,共荣获全国一等奖15项、二等奖20项、三等奖13项,竞赛成绩刷新学院历史最好成绩。协会传承坚持18年的“千方爱心学校”,打造趣味科普课堂,在皖北、皖南、皖西片区种下爱心种子,并荣获“感动师大”十佳事迹。截至目前,“千方爱心学校”支教团队开辟宿松洲头中学、枞阳宗子书舍等实践教学基地15个,志愿者共计700余人,开设手工课、科普实验等多样化课程8项,志愿服务受益学生超4 000人。2024年,大学生物理爱好者协会成功入选安徽省高校“活力社团”TOP100榜,并且获得科技类社团第一名。

安徽师范大学学生社团一览表

社团类型	社团名称
思想政治类	学生德育研究会
	中国特色社会主义理论体系研究会
	爱智哲学社
	安徽师范大学学生模拟政协协会
文化体育类	汉语桥协会
	太阳话剧社
	江南诗社
	德雅书苑
	赭麓书画社
	音乐与舞蹈爱好者协会
	美术爱好者协会
	非遗青年社
	体育舞蹈协会
	民族传统体育协会
	户外教育协会
	球类协会
	Up Funky户外竞技与表演协会
	旅游爱好者协会
	礼仪与茶文化协会
	读者协会
	新青年器乐社
	青风戏曲社
	青云舞团
学术科技类	江淮秘书社
	新国学社
	青年法学社
	外交与国际事务研究协会
	海星调查研究社
	经济学会
	赭山史学社
	寰宇学社

续表

社团类型	社团名称
学术科技类	大学生心理研究会
	英语之角协会
	翻译协会
	模拟联合国协会
	摄影爱好者协会
	普通话协会
	动漫爱好者协会
	新媒体研究会
	数学建模协会
	大学生市场调研与数据分析协会
	计算机爱好者协会
	开源软件协会
	电子爱好者协会
	大学生发明创新协会
	大学生物理爱好者协会
	皖江知行社
	地理科普协会
	无人机飞行协会
	大学生生命科学协会
	食品安全与营养协会
	环境与健康协会
志愿公益类	五四爱心学校
	大学生社会工作协会
	新雷锋青年志愿者协会
	安徽师范大学校友工作志愿者协会
	环境保护协会

续表

社团类型	社团名称
志愿公益类	爱心者协会
	大学生保健协会
	蒲公英环保学校
	新长城自强社
创新创业类	大学生创业协会
	青芒创客协会
	职业发展与就业促进协会
	大学生创业协会
自律互助类	梦飞翔教育学社
	大学生考研行动协会
其他类	辩论协会
	公共关系协会
	军事爱好者协会

五、文化活动，丰富多彩

学校校园文化建设成果斐然，连续30次荣获全国暑期"三下乡"社会实践活动先进单位，涌现出一大批校园文化活动品牌，仅国家级奖励就达20多项，其中"大学生宣讲团""丙辉漫谈""平民电脑学校""新雷锋志愿服务""青春导航"等分别荣获教育部高校校园文化建设优秀成果奖和"中国青年志愿服务优秀项目奖"。"蒲公英环保学校""新雷锋故事汇""彩虹行动""阳光体育爱心支教""为烈士画像"5个志愿服务项目均荣获中国青年志愿服务项目大赛金奖。打造"青春思政课"文化育人品牌，时任省委副书记信长星同志充分肯定我校"青春思政课"文化育人项目并做出批示，指出该项目是"创新思政课的有益探索"。

五四爱心学校

成立于2004年，由中国青年五四奖章获得者吴青山发起，以“传授知识，传递爱心”为宗旨，是全国首个爱心家教组织。社团结合师范优势，依托地方社区，组织大学生利用节假日为家庭经济困难的中小学生提供无偿课业辅导和情感陪护。截至目前，在库志愿者达8 800余名，受助学生达12 000余人，服务范围立足安徽芜湖，已逐渐扩展至全省乃至全国多地，累计志愿服务时长65余万小时。已建有14个教学分校、5个留守儿童亲情陪护实践基地和3个大学生感恩教育基地。五四爱心学校获评2014年安徽省文明单位创建优秀品牌、安徽省精神文明十佳事迹、安徽省青年志愿者先进集体、芜湖市家庭教育工作先进单位、“感动江淮”先进集体等。留守儿童亲情陪护项目获得首届青年志愿服务项目大赛银奖、“爱不单行”社区儿童亲情陪护项目获安徽省志愿服务项目大赛金奖等，长期以来受到中央电视台、安徽电视台、新华网、人民网等多家媒体关注和报道。

丙辉漫谈

“丙辉漫谈”是由路丙辉老师面向全校学生特别开展的“育人新课堂”和“心灵对话场”，讲座话题贴近学生生活实际，关注学生心灵成长和能力提升。目前丙辉漫谈围绕爱国、人生情怀、考研、学习、人际关系等多个学生关心关切的主题，已开展共计380余场次，听众达120 000余

人次。“丙辉漫谈”曾荣获教育部高校校园文化建设优秀成果二等奖、安徽省首届思想政治工作创新案例、中国政研会2023年度基层思想政治工作优秀案例、第13届感动师大十佳事迹等荣誉。曾受到中央电视台新闻联播、光明日报、中国教育网络电视台、中国教育报、中国青年报、新华网、安徽日报等数十家中央和省部级媒体报道。

新雷锋故事汇

自2013年10月开启，以身边典型事迹为内容，立足校园，面向社会，是新雷锋青年志愿者协会开创的特色品牌活动，激励着学生主动发现身边的真善美，传递青春正能量，塑造文明、友善、诚信的新雷锋形象，营造和谐、自由、公正的校园氛围，引领同学们树立正确的社会主义核心价值观，追求更高层次的道德目标，为弘扬新时代的雷锋精神贡献青春力量。项目目前吸引了3500余名大学生宣讲员，在安徽省内的100多个社区街道、乡镇农村相继开展了百余场次，覆盖受众达上万人次。曾获评第三届中国青年志愿服务项目大赛全国金奖，获评第三届全国“最美防痨人（团队）”，入选全国大学生志愿服务社区示范项目（2019年），获评第七届中国青年志愿服务项目大赛安徽省金奖，连续六年获批省结核病防治知识传播行动一等资助等。

蒲公英环保学校

成立于2010年，秉承“大手牵小手，播撒环保希望”的理念，针对3—6岁幼儿进行系统环保启蒙教育。发挥专业优势，开展幼儿环保教育，使学生专业学习与社会实践相结合，在志愿服务中宣传和践行环保理念，培养社会责任感。截至目前，蒲公英环保学校累计授课8 000余次，覆盖1.5万余名服务对象，志愿服务时长达3.5万余小时，形成了以大学生为主、幼儿教师为辅的志愿服务团队，构建标准化课程体系，建立了观察、艺术、游戏、讨论、竞赛、实践六大类的环保课程，与安徽师范大学附属幼儿园等建立了长期良好的合作关系。蒲公英环保学校荣获第三届志愿服务项目大赛全国金奖、第四届两岸大学生公益社团大赛全国银奖、第四届中国青年志愿服务大赛示范项目提名、感动师大校园精神文明十大事迹等，连续两次成功申报涓流行动——“一个长江”大学生环保活动资助计划，志愿服务活动事迹被中青网、光明网、新浪网等多家媒体广泛报道。

阳光体育爱心支教

成立于2006年5月，以“携手基层教育，共织爱心蓝图”的志愿服务理念以及“始于体育，不止于体育”的宗旨，形成以面向中小学农村留守儿童开展体育支教活动为主，国家社科项目开展民俗体育调研、阳光体育社区行、阳光益起来为辅的活动方式。目前，已与中国冠军基金、美

丽中国爱心支教、芜湖市孤独症儿童关爱协会等社会公益组织达成合作协议，在长期开展社会服务工作的同时，建立起校内校外联动、学校社会合作的运行机制。目前，共建立实践基地20余所、教学点300余个，招募志愿者10 000余名。依托高校平台，通过实践+教学的教育双循环，培养出王春雨、赖晓晓等人才1 300余人。获第四届中国青年志愿服务项目大赛金奖、全国百佳体育公益社团等省级以上荣誉10余次，事迹被新华网等主流媒体报道年均百余篇。

第三节 立德树人 至善致远

学校紧紧围绕立德树人这一根本任务，把人才培养作为学校的中心工作，把促进学生健康成长作为一切工作的出发点和落脚点，坚持走以质量提升为核心的内涵式发展道路，着力打造“国内一流本科教育”和“国内同类院校领先水平的研究生教育”，全面提高人才培养质量。

一、学院建设 各领风骚

学校现有文学院、马克思主义学院、法学院、经济管理学院、音乐学院、美术学院、历史学院、教育科学学院、外国语学院、体育学院、新闻与传播学院、数学与统计学院、计算机与信息学院、物理与电子信息学院、化学与材料科学学院、地理与旅游学院、生命科学学院、生态与环境学院等18个学院以及继续教育学院、国际教育学院、教师教育学院，并办有安徽师范大学皖江学院、附中、附小和附幼。

学校学科涵盖了哲学、经济学、法学、教育学、文学、历史学、理学、工学、农学、管理学、艺术学、交叉学科等12个门类，形成了博士、硕士、学士教育等不同层次，全日制高等教育、继续教育、留学生教育等不同类型的完整人才培养体系。

院、系、所、中心(部)设置一览表

学院	系	所	中心(部)	专业
文学院	中文系	语言研究所 文字研究所 古籍整理研究所 美育与审美文化研究所	中国诗学研究中心 艺术文化学研究中心	汉语国际教育 秘书学 汉语言文学 戏剧影视文学
马克思主义学院	政教系	马克思主义哲学研究所 诠释学研究所 皖南农村研究所 国学研究所	教育部高校辅导员培训和研修基地 《高校辅导员学刊》编辑部 安徽省高校人文社科重点研究基地马克思主义研究中心	思想政治教育
法学院	行政管理系 法律系 社会学系社会工作系	知识产权研究所 诉讼法研究所 当代中国政治发展研究所 社会学研究所	国家社会工作专业人才培养基地等	法学 行政管理 社会工作 社会学
经济管理学院	经济系 工商管理系 财务会计系 市场营销系	经济学研究所	生态经济研究中心	经济学 市场营销 会计学 财务管理 人力资源管理 物流管理 投资学
音乐学院	音乐系			音乐表演 作曲与作曲技术理论 舞蹈表演 音乐学
外国语学院	英语系 日语系 俄语系 法语系	外国语言文学研究所	公共外语教研部	俄语 法语 日语 英语

续表

学院	系	所	中心(部)	专业
体育学院	体育系 社会体育系 运动训练系	体育科学研究所 安徽省体育产业研究中心	大学体育教研部	运动训练 社会体育指导与管理 体育教育 休闲体育
新闻与传播学院	新闻系 广告系 摄影系 动画系 文化产业管理系 播音与主持艺术系	视觉传达文化研究所 文化产业研究所	创意产业发展中心 传媒与文化创意研究中心 安徽经致科技文化传播有限公司	新闻学 广告学 文化产业管理 播音与主持艺术 播音与主持艺术2（空乘与礼仪） 动画 影视摄影与制作 网络与新媒体 摄影
数学与统计学院	数学与应用数学系 统计系	数学研究所	高等数学教学部 教师教育中心	经济统计学 应用统计学 统计学 数学与应用数学
计算机与信息学院	计算机科学与技术系 软件工程系 网络工程系	网络与信息安全安徽省重点实验室 计算机科学与技术研究所 瑞信软件研究所	安徽省计算机基础课实验教学示范中心 网络与信息安全工程技术研究中心 高性能计算研究中心	软件工程 物联网工程 计算机科学与技术

续表

学院	系	所	中心(部)	专业
美术学院	美术系			绘画 视觉传达设计 环境设计 产品设计 服装与服饰设计 工艺美术 美术学 雕塑
历史学院	历史系 公共管理系	历史研究所 徽学研究所 家谱研究中心	皖南历史文化研究中心 安徽文化发展研究院	公共事业管理 世界史 历史学
教育科学学院	教育学系 教育技术学系 心理学系 学前教育系 应用心理系	教育科学研究所 心理健康教育研究所 媒介科技教育研究所 家庭教育研究所 心理咨询研究所 高等教育研究所 教师教育研究所	安徽省教师教育协同创新中心 安徽省少先队培训与研修基地 教育改革与发展研究中心 基础教育课程改革研究中心 陶行知教育思想研究中心 心理应用研究中心 心理健康教育与指导研究中心 民办教育研究中心 学前教育师资培训中心 安徽省现代教育技术培训中心	应用心理学 教育学 教育技术学 学前教育 小学教育 心理学
物理与电子信息学院	物理系 电子信息工程系 通信工程系 光信息科学与工程系 自动化系	原子与分子物理研究所	智能测控技术研究中心 光电技术研究中心 物联网工程与技术研究中心	电子信息工程 通信工程 光电信息科学与工程 自动化 轨道交通信号与控制 物理学

续表

学院	系	所	中心(部)	专业
化学与材料科学学院	化学系 应用化学系 材料化学系 化学工程与工艺系	有机化学研究所 分析化学研究所 材料化学研究所 应用化学研究所 化学教育研究所	国家级实验教学示范中心 食品营养与安全检测中心 现代测试中心	应用化学 材料化学 化学工程与工艺 化学
地理与旅游学院	地理系 旅游系 饭店系 土地资源管理系 地理信息系统系 城市规划系	江淮流域气候变化与水资源研究中心 安徽师范大学土地评价与规划研究中心 安徽师范大学旅游发展与规划研究中心 安徽师范大学城市与区域规划研究中心 安徽师范大学酒店管理研究中心	安徽师范大学旅游发展与规划省级人文社会科学重点研究基地 中等职业学校骨干教师省级培训基地 资源环境与地理信息工程安徽省工程技术研究中心 安徽省自然灾害过程与防控研究省级实验室 安徽省地理学会	地理科学 酒店管理 地理信息科学 城乡规划 土地资源管理 旅游管理
生命科学学院	生物科学系 生物技术系 生态学系 园艺系 应用生物科学系 生物制药系	生物多样性研究中心 分子生物学及生物技术研究所 园艺研究所 中药资源研究所 生物信息研究所 生物资源开发与利用 研究中心 野生动植物种及其产品鉴定中心 饵料生物繁育研究中心 安徽师范大学林业调查规划设计研究院	安徽重要生物资源保护与利用研究省级重点实验室 生物环境与生态安全安徽省高校省级重点实验室 安徽省生物标本数字化科技创新服务平台 安徽省中药日化产品工程技术研究中心 安徽省植物学会	生物科学 生物技术 生态学 生物制药 园艺 应用生物科学

续表

<table>
<tr><th>学院</th><th>系</th><th>所</th><th>中心(部)</th><th>专业</th></tr>
<tr><td rowspan="3">生态与环境学院</td><td>环境科学系</td><td rowspan="3">环境科学研究中心（承接建设项目环境影响评价）
分析测试中心（承担分析测试）
环境工程研究所（承接清洁生产审核）
功能性食品研究所</td><td rowspan="3">水体整治与生态修复工程技术研究中心</td><td rowspan="3">环境工程
环境生态工程
食品质量与安全
食品科学与工程
环境科学</td></tr>
<tr><td>环境工程系</td></tr>
<tr><td>食品科学系</td></tr>
</table>

经过不断深化教育教学改革、推进人才培养模式创新，各学院发展迅速，逐渐形成了鲜明的特色和办学优势。学校以学院为依托，承担了国家级“卓越中学语文教师培养改革项目”，先后开设了卓越语文教师实验班、卓越理综教师实验班、卓越司法人才培养实验班、卓越生态学实验班、化学（非师范）“英才班”、会计学“ACCA 班”、旅游管理“开元班”、计算机科学与技术创新班等拔尖创新培养实验班，为实施拔尖创新人才培养做出了积极探索。并通过分批分级建设优质课程教学资源，不断夯实课堂教学质量，在国家级质量工程建设上收效明显。截至2023年年底，学校有国家级一流本科课程19门（国家级在线开放课程1门，国家级线下课程14门，国家级线上线下混合式课程4门），国家级精品课程8门，国家级精品资源共享课程8门，国家级精品视频公开课2门。

国家级课程一览表

课程名称	课程类型	获批时间	备注
《心理学》(公共课)	精品课程	2006年	2013年转型为国家级精品资源共享课
化学教学论	精品课程	2008年	2013年转型为国家级精品资源共享课
中国古代史	精品课程	2008年	2013年转型为国家级精品资源共享课
文学理论	精品课程	2009年	2013年转型为国家级精品资源共享课
公共教育学	精品课程	2009年	
马克思主义伦理学	精品课程	2009年	
教育学原理	精品课程	2010年	2013年转型为国家级精品资源共享课
大学语文	精品课程	2010年	2013年转型为国家级精品资源共享课
安徽名胜与古典诗词	精品视频公开课	2013年	
安徽文化与古代中国	精品视频公开课	2013年	
教育发展史略	教师教育精品资源共享课	2013年	
小学生心理辅导	教师教育精品资源共享课	2013年	
大学语文	线上课程	2018年	
教育学论坛(I、II、III、IV、V、VI)	线下课程	2019年	
中国文化概论	线下课程	2019年	
文学理论	线上线下混合式课程	2019年	
原子物理学	线下课程	2019年	
广播电视新闻基础	线上线下混合式课程	2023年	

续表

课程名称	课程类型	获批时间	备注
地貌学	线上线下混合式课程	2023年	
计算机组成原理	线上线下混合式课程	2023年	
刑法总论	线下课程	2023年	
思想道德与法治	线下课程	2023年	
红楼梦研究	线下课程	2023年	
中国古代文学(IV)	线下课程	2023年	
分子生物学(双语)	线下课程	2023年	
分析化学	线下课程	2023年	
教育概论	线下课程	2023年	
英语课程与教学论	线下课程	2023年	
古代汉语(I)(II)	线下课程	2023年	
中学生心理发展与教育	线下课程	2023年	
学科教学论(化学)	线下课程	2023年	

二、学位发展　引领卓越

安徽师范大学是国务院自1978年恢复研究生培养制度以来首批招收研究生的院校，1981年成为国家首批硕士学位授权单位。1998年成为全国第二批教育硕士专业学位试点单位，是安徽省最早的教育硕士培养单位。2003年获得博士学位授予权。学位点涵盖哲学、经济学、法学、教育学、文学、历史学、理学、工学、农学、管理学、艺术学等11个学科门类。学位体系结构合理、优势突出。截至2023年12月底，我校博士研究生指导教师共277人，硕士研究生指导教师共920人，校外兼职研究生指导教师877人。学校现有各类在校研究生 8 738 人（含 24 级），其中博士研究生 565 人，硕士研究生 8 173 人。

学位点数量及结构

序号	学位点类型	数量
1	一级学科博士学位授权点	12
2	博士专业学位授权点	2
3	一级学科硕士学位授权点	30
4	硕士专业学位授权点	26

一级学科博士学位授权点分布情况

序号	学科代码	博士学科点名称	批准时间	备注
1	0501	中国语言文学	2010年	
2	0602	中国史	2010年	
3	0703	化学	2010年	
4	0710	生物学	2010年	
5	0713	生态学	2010年	
6	0305	马克思主义理论	2018年	
7	0401	教育学	2018年	
8	0702	物理学	2018年	
9	0403	体育学	2021年	
10	0701	数学	2021年	
11	0705	地理学	2021年	
12	0603	世界史	2024年	

博士专业学位授权点分布情况

序号	类别代码	类别名称	批准时间
1	0451	教育	2024年
2	1352	音乐	2024年

一级学科硕士学位授权点分布情况

序号	学科代码	硕士学位授权点名称	批准时间	备注
1	0101	哲学	2006年	一级学科
2	0201	理论经济学	2010年	一级学科
3	0301	法学	2010年	一级学科
4	0302	政治学	2010年	一级学科
5	0305	马克思主义理论	2006年	一级学科
6	0401	教育学	2010年	一级学科
7	0402	心理学	2010年	一级学科
8	0403	体育学	2010年	一级学科
9	0503	新闻传播学	2010年	一级学科
10	0603	世界史	2011年	一级学科
11	0701	数学	2006年	一级学科
12	0702	物理学	2010年	一级学科
13	0705	地理学	2006年	一级学科
14	0714	统计学	2011年	一级学科
15	0812	计算机科学与技术	2010年	一级学科
16	0830	环境科学与工程	2010年	一级学科
17	1202	工商管理	2010年	一级学科
18	1301	艺术学	2023年	一级学科
19	0501	中国语言文学	2010年	一级学科
20	0602	中国史	2010年	一级学科
21	0703	化学	2010年	一级学科
22	0710	生物学	2010年	一级学科
23	0713	生态学	2010年	一级学科
24	0303	社会学	2018年	一级学科
25	0805	材料科学与工程	2018年	一级学科
26	0817	化学工程与技术	2018年	一级学科
27	1204	公共管理	2018年	一级学科

续表

序号	学科代码	硕士学位授权点名称	批准时间	备注
28	0502	外国语言文学	2019年	一级学科
29	0809	电子科学与技术	2021年	一级学科
30	0839	网络空间安全	2024年	一级学科

硕士专业学位授权点分布情况

序号	类别代码	类别名称	批准时间
1	0451	教育	1998年
2	0452	体育	2009年
3	0453	汉语国际教育	2009年
4	0252	应用统计	2010年
5	0352	社会工作	2010年
6	0551	翻译	2010年
7	1254	旅游管理	2010年
8	0552	新闻与传播	2014年
9	0351	法律	2014年
10	0803	工程硕士(光学工程)	2014年
11	1253	会计	2016年
12	0954	林业	2018年
13	1251	工商管理	2018年
14	0251	金融	2020年
15	0454	应用心理	2021年
16	0857	资源与环境	2021年
17	0860	生物与医药	2021年
18	0951	农业	2021年
19	1252	公共管理	2021年
20	1255	图书情报	2021年
21	1352	音乐	2023年
22	1354	戏剧与影视	2023年
23	1356	美术与书法	2023年
24	1357	设计	2023年
25	0258	数字经济	2024年
26	0955	食品与营养	2024年

三、师大学子　尽展风流

学校坚持人才培养中心地位，把立德树人作为根本任务，构建“课程育人、文化育人、实践育人、网络育人”四个课堂联动育人体系，大力实施“大学生护航行动计划”，围绕思想护航、学习护航、生活护航、情感护航、身心护航，探索了一系列行之有效的重点举措，服务学生在校期间的成长需求，努力实现“一个都不能少”“一个都不要掉队”的工作目标，真正为大学生健康成长和全面发展护航，努力培养具有创新精神和实践能力的高素质人才。

人才培养质量不断提高，目前有国家级一流本科专业建设点34个，省级一流本科专业建设点21个，国家级特色专业9个，国家级专业综合改革试点1个。本科生毕业率和学位授予率稳定在97%以上、初次就业率稳定在94%左右。学生年均获得省级以上学科竞赛奖项1 000余项。近三年，学校不仅继续保持师范教育竞赛优势，共获得长三角师范生教学基本功和田家炳师范生教学技能竞赛一等奖35项，还在“挑战杯”大学生课外学术科技作品竞赛、大学生创新大赛、大学生物理实验竞赛、大学生广告艺术大赛、大学生艺术展演等国家级A类赛事中取得佳绩。学校是全国毕业生就业工作先进集体、全国毕业生就业典型经验高校（50强）、全国创新创业典型经验高校（50强）、全国高校毕业生就业能力培训基地，全省就业工作先进单位、全省毕业生就业工作成效明显单位，毕业生和用人单位对学校就业工作的满意度均超过90%。

2016年被评为教育部“国防教育特色学校”。2017年获批安徽省首届高校心理健康教育示范中心。2018年，学校获省教育系统学生资助工作“优秀单位案例典型”称号。2021年学校心理育人项目荣获全国思政工作精品项目（全省仅2项），2023年荣获安徽省首届高校心理健康教育工作“双十佳”先进集体。2022年，学校智慧思政试点建设获评省级“优秀”等次。2023年学校“一站式”学生社区建设入选省级“大思政课”实践教学基地。2024年被评为“安徽省年度优秀心理咨询工作集体”。

学校先后涌现出中国青年五四奖章获得者吴青山，中国好人榜孝老爱亲好人王雷，中国青少年科技创新奖获得者蒯龙，中国大学生自强之星陈向勇、斯义谱、周琦、郭昊，中国大学生自强之星标兵古孜里努尔·艾尼瓦尔、蔡张飞、阿卜来提·阿卜力克木，东京奥运会女子800米世界第五王春雨，中国大学生年度人物王娟，全国优秀共青团员王阳，团十八大代表蔡志鹏，全国社会主义核心价值观先进个人宁嘉惠，第14届安徽五四青年奖章获得者石秀琴，第26届安徽五四青年奖章获得者谭强，第24届“安徽青年五四奖章集体”获得者物电学院时域天体物理研究团队等一批全国有影响的优秀学子，形成了备受关注的“师大群英”现象。

陈向勇（中）

陈向勇，2006级经济管理学院经济学专业本科生。在校期间，主持大学生创新性实验计划项目课题1项，参研省级项目2项。先后荣获暑期社会实践省级先进个人、省“挑战杯”大学生创业计划竞赛银奖、校“十佳大学生”、“中国大学生自强之星”等称号。2008年“5.12”地震发生后，他和同学带着600余斤的救灾物资长途跋涉奔赴四川绵阳开展志愿者服务。回校后，发起创建了安徽师范大学新雷锋青年志愿者协会，开展了“暖川行动”慈善募集活动、“春风‘沐’川”大型义演爱心募捐等志愿活动，用实际行动谱写了一曲80后学子的新时代雷锋之歌。

蒯龙

蒯龙，化学与材料学院2007级本科生，2011级物理化学专业研究生。2011年作为安徽省唯一一名本科生，被共青团中央等单位授予第七届“中国青少年科技创新奖”，受到王兆国、刘延东等中央领导的亲切接见。本科期间就以第一作者在Chem.Commun.（影响因子：5.787）等国际著名学术期刊上发表SCI学术论文3篇，总影响因子达15.54，申请中国发明专利2项，另外合作发表学术论文3篇。曾获第十二届“挑战杯”大学生课外学术科技作品竞赛全国一等奖、第四届“挑战杯”大学生课外学术科技作品竞赛安徽省特等奖，荣获“中国大学生自强之星”称号等。

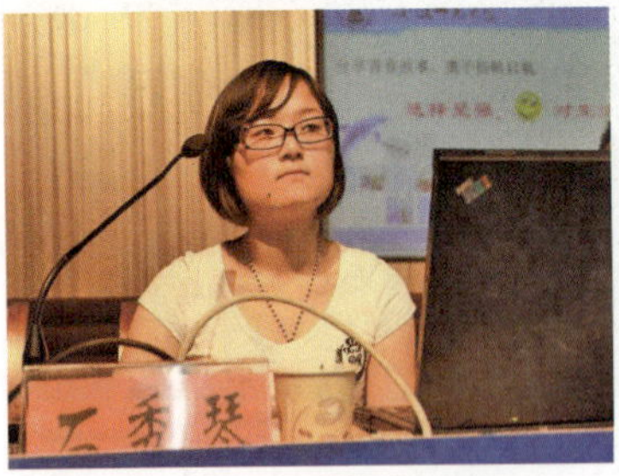

石秀琴

石秀琴，2007级物理学专业学生。第14届“安徽青年五四奖章”获得者，当选2010年中国好人榜“孝老爱亲”好人。她出身贫寒，感恩母亲，带着患有精神障碍的妈妈上大学，一边刻苦学习，一边勤工俭学，一边照料母亲。石秀琴感恩社会，积极帮助他人，长期照顾一对年迈的孤寡老人，义务为留守儿童提供爱心家教，用自己打工挣的钱给贫困孩子交学费。《人民日报》以《带着患病的妈妈上大学——90后女孩撑起一片天》为题报道了石秀琴的感人事迹。曾被评为安徽省精神文明十佳事迹。原安徽省委书记张宝顺就石秀琴同学的事迹做出专题批示，号召青年学习她自强感恩的精神。

王娟(后右一)

王娟，国土资源与旅游学院2008级地理科学专业学生。她连续三年带领暑期社会实践重点团队深入四川地震灾区义务支教累计79天；经受余震不断、洪水、滑坡等重重考验，将青春汗水挥洒在巴蜀腹地，并挂牌成立“五四爱心学校”四川分校，为灾区的孩子们义务支教，送去希望。同时，贫困的她刻苦学习，曾获国家励志奖学金等。她坚持用爱心回报社会，用所获奖学金和勤工俭学所得在芜湖高校筹建起首个“川夏爱心基金”，该基金已累计资助贫困学子13人次，总额达18 600余元。先后获得“中国大学生自强之星”、省十大杰出青年志愿者、“师大骄子”十佳大学生等荣誉称号。

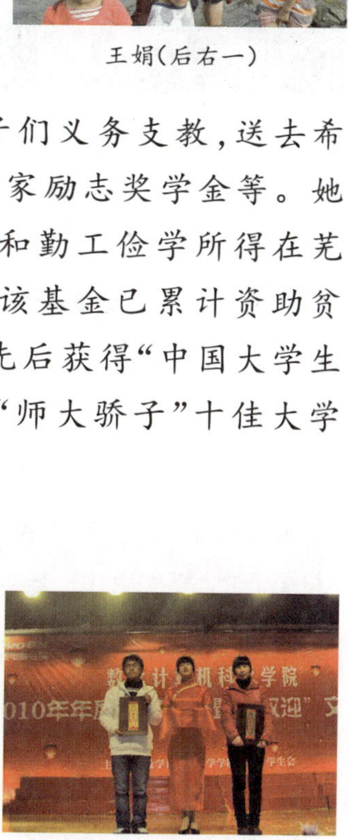
斯义谱(左一)

斯义谱，数计学院2009级统计学专业学生。先后获得全国大学生数学建模竞赛本科组国家级二等奖、省级一等奖三次，第四届“互动出版杯”中国数学建模网络挑战赛三等奖等6个省级以上奖项。发起成立了“爱传递”

基金，坚持开展“关爱弱势群体之芜湖行”等公益活动。曾获2012年“中国大学生自强之星”、“2012年度交通银行残疾大学生励志奖”提名奖、校“三好学生”、校“自强之星”等荣誉，先后主持两项校级科学研究项目。于2014年成功入选安徽省首届“国家资助 助我飞翔”励志成长成才优秀学生典型。

古孜里努尔•艾尼瓦尔（左一）

古孜里努尔•艾尼瓦尔，维吾尔族，来自新疆吐鲁番，是安徽师范大学教育科学学院2011级心理学专业学生。在校期间，她与班级同学共同成立教育科学学院“心灵护航”服务队，累计服务学生500多名，共计1000多小时。她还主动参加“雷锋在我身边”“爱心包裹”“志愿交通指挥员”等各类主题学雷锋活动；坚持无偿献血，累计超过1000毫升。她的先进事迹被《中国青年报》头版、《光明日报》等深入报道。新疆电视台策划拍摄“60年60人”大型人物纪事系列片《东西南北新疆人》栏目，古孜里努尔•艾尼瓦尔是唯一一位以在校大学生身份入选的先进典型人物。先后获得“安徽省十佳大学生”“中国大学生自强之星”标兵称号和安徽省“五四”青年奖章。

王春雨，体育学院2018级硕士研究生。国际健将，世界冠军，她是东京奥运会女子800米世界第五、晋级奥运会800米决赛的中国第一人。她是亚洲女子800米

王春雨

金满贯得主，被国际田联誉为“王军霞的接班人”。她用一颗赤子之心，坚定地追求着田径梦想，向世界证明了中国中长跑的新速度。2010年，她在安徽省运动会上获得女子800米冠军，并打破了保持长达18年之久的省运会纪录；2013年亚洲田径锦标赛，她勇夺女子800米金牌，打破了安徽田径径赛类项目在洲际大赛中无金牌的记录。2015年全国田径冠军赛上她成功夺冠，自此，她几乎包揽了女子800米国内比赛的金牌。2017年，全国大学生运动800米决赛，她代表安徽师范大学出战夺得桂冠；2018年，她在伊朗德黑兰亚洲室内田径锦标赛中夺得女子800米冠军，这是中国队在此次锦标赛上获得的首金；同年她获得2018年雅加达亚运会女子800米冠军，2021年东京奥运会女子800米世界第五、成为晋级奥运会800米决赛的中国第一人。曾获第十七届“大学生年度人物”入围奖、安徽省五一劳动奖章、安徽省先进工作者等荣誉，成为新时代青年榜样。

王阳，2018级工商管理专业硕士研究生，全国第十九届青年志愿者研究生支教团成员，曾任学校团委兼职副书记。曾连续五年参与支教扶贫活动，志愿服务时长超过6 000小时，曾荣获“全国优秀共青团员”称号、

王阳

校优秀共产党员、校十佳大学生、校十佳志愿者等荣誉称号，曾获校一等奖学金、大益奖学金、校优秀研究生奖学金等9次，并作为安徽省唯一学生代表赴北京参加纪念五四运动100周年大会。

蔡志鹏

蔡志鹏，2021届体育经营管理专业硕士研究生。中国共产主义青年团第十八次全国代表大会代表（全省唯一在校大学生代表），安徽省大学生年度人物。在校期间先后担任校学生会主席、校团委副书记等职务，获中国大学生骨干培养学校“优秀学员”等荣誉称号。学习成绩优异，先后获校一等奖学金、团中央“中国电信奖学金”、研究生国家奖学金等，获全国大学生手球锦标赛男子专业组冠军。个人全面发展，曾获安徽省大学生职业规划设计大赛金奖，个人连续多年带队开展爱心支教工作，助力乡村振兴。

宁嘉惠

宁嘉惠，2019级中国语言文学专业硕士研究生。曾任校团委学生副书记、安徽师范大学第20届研究生支教团团长。曾获“中国电信奖学金·飞Young奖”暨“践行社会主义核心价值观先进个人”、全国第二批“百名研究生党员标兵”、2019年安徽省“十佳大学生”、安徽省第十五届“大学生年度人物”，2020年安徽省“优秀共青团员”荣誉称号。本科毕业后，她加入研究生支教团项目，前往四川省凉山彝族自治州开展支教工作。支教之余，宁嘉惠在当地组织开展志愿服务，事迹受《中国青年报》专题报道。她推进新媒体矩阵建设，结合青年关心的话题和时政热点发布微信、微博信息，所撰写稿件在《中国教育报》《中国青年报》等多家媒体刊载。

蔡张飞

蔡张飞，2018级社会体育指导与管理专业本科生，2019年被共青团中央等单位授予2019年度“中国大学生自强之星标兵”荣誉称号。在校期间获得安徽省“向上向善好青年”荣誉称号、校“十佳大学生”、校“自强之星”等荣誉称号，获第二届全国大学生体育产业创新创业大赛（华东赛区）一等奖。2017年9月参军入伍，在部队加强政治修养、苦练军事本领、扎实锤炼作风，作为唯一一名新兵被挑选参加总队魔鬼周极限训练，连续两年全票荣获“优秀义务兵”荣誉称号，被评为支队“优秀共青团员”荣誉称号。退役复学后，继续发扬部队优良作风，连续两年参加新生军训工作，被选为安徽师范大学征兵大使，开展征兵宣讲活动数十场。他将自觉地将人生价值与国家需要紧密融合，体现出新时代青年学生的担当与使命。

谭强

谭强，2022级体育专业研究生，中国国家羽毛球队队员、解放军军事体育训练中心八一羽毛球队队员、少尉军衔。曾获2016年西班牙世界青年羽毛球锦标赛团体冠军、2019年世界军人运动会团体和男双项目冠军（我国首枚金牌）、混双项目亚军，2019世界羽联印度大师赛男子双打冠军，在国际级竞赛中获冠军达10余次。他坚定信仰，作为现役军人，在世界军人运动会上勇夺两金一银，受到习近平总书记颁发嘉奖通令。2020年被中央军委授予少尉军衔并荣立个人二等功，荣获2022年获中华人民共和国体育运动荣誉奖章、第26届安徽青年五四奖章。

阿卜来提•阿卜力克木（中间）

阿卜来提•阿卜力克木，维吾尔族，2020级地理科学（师范）专业本科生。学校首位新疆籍参军入伍的大学生士兵，2019年9月至2021年9月服役于中国人民解放军北部战区某部。以全旅唯一上等兵身份成功入选“红星宣讲团”，获集团军“备战打仗先进个人”等7项荣誉称号。他不忘党恩，假期返家乡开展免费“假期课堂”、政策宣讲等社会服务，累计时长达1100小时，覆盖5000人次。现任芜湖市青春芜湖宣传大使、入选“十佳退役士兵宣讲团”，开展征兵入伍动员宣讲，个人事迹入选教育部第五届“闪亮的日子——青春该有的模样”大学生就业创业“应征入伍”人物事迹，先后受到《人民陆军报》《解放军报》“中华人民共和国国防部官网”等多家权威媒体报道，获得2022年度“中国大学生自强之星标兵”、2022年度安徽省“十佳大学生”等荣誉20余项。一路走来，阿卜来提不忘初心、勇担使命，身处逆境仍心向阳光，心怀感恩维护民族团结，立志报国毅然投身军营，退伍返校担当青春榜样，以实际行动将“青春梦”融入“中国梦”，激扬新时代青春正能量。

郭昊

郭昊，2020级网络与新媒体专业本科生。他善于用镜头捕捉美丽山川的动人风景和美丽瞬间，在短视频创作领域彰显中国青年自信，在新媒体传播中讲好中国故事。2022年6月，他的作品《篮球少年》被时任外交部新闻发言人赵立坚点赞转发。2022年7月，他创作的短视频《清晨宏村》在发布一周内全网累计播放量突破3亿，视频被人民日报国际官方账号在Twitter和Ins等全平台转载，被共青团中央点名表扬。2023年1月，他创作的短视频《塔川秋色》和《千里江山图》作为国家文旅部对港澳台地区推广安徽的两部作品向外推广。2023年两会期间，他创作的短视频《千里江山图》入选双语中国风宣传片向全球展播。个人获评2024年安徽省优秀毕业生，先后获评2022年度“中国大学生自强之星”，第十七届“大学生年度人物”入围奖，安徽省大学生自强之星标兵、安徽省大学生年度人物、安徽省优秀共青团员等荣誉称号。入选2024全国青马工程文化与新闻传播班学员（全国仅5名学生），中国国家地理影像签约创作者，他创作的300多部作品被人民日报、新华社、央视新闻转载，在国际平台讲好中国故事，创作短视频全网累计播放量突破90亿。

时域天体物理科研团队

时域天体物理科研团队，依托天文物理与技术研究中心，主要开展黑洞及引力波物理、地外行星探测等国际前沿领域研究，荣获“安徽青年五四奖章（集体）”。团队负责人舒新文教授曾获国家优秀青年基金项目资助（物理天文类安徽省属高校学院爱因斯坦探针卫星、X射线偏振卫星科学组成员，积极参与国家南极极地科考项目，为国家极区太空观测系统建设提供技术服务。团队成果影响广泛，团队发现迄今为止人类已知第二例双黑洞潮汐撕裂恒星罕见天文现象，被欧洲空间局网站选为“新闻和亮点”成果，同时被《Nature Communications》选为2020年度“天文学和行星科学”类别年度亮点研究论文。新华社、光明日报、人民网等主流新闻媒体报道了该成果，网络点击量超过4 700余万次，产生了广泛的社会影响。

学生获省级以上表彰情况（部分）一览表

序号	姓名	专业	称号及获得时间		
			自强之星	十佳大学生	其他
1	吴青山	2009级语言学应用语言学		2012年安徽省十佳大学生	中国青年五四奖章
2	陈向勇	2006级经济学	2009年“中国大学生自强之星”		
3	夏金瑶	2006级计算机科学与技术			2010年全国三好学生
4	王　珏	2007级生物科学			2010年安徽省优秀共青团员
5	石秀琴	2007级物理学	2010年“中国大学生自强之星”		
6	蒯　龙	2007级化学	2011年“中国大学生自强之星”	2012年安徽省十佳大学生提名奖	2012年中国青少年科技创新奖
7	王　娟	2008级地理科学	2011年“中国大学生自强之星”提名奖	2012年安徽省十佳大学生	“2012中国大学生年度人物”入围奖 安徽省第八届“安徽省十大杰出青年志愿者”
8	斯义谱	2009级统计学	2012年“中国大学生自强之星”		
9	左佩佩	2009级行政管理		2012年安徽省十佳大学生	
10	曲欣悦	2009级新闻			2011年安徽省优秀共青团员
11	刘　傲	2009级法学		2013年安徽省十佳大学生提名奖	
12	洪子波	2009级摄影		2013年安徽省十佳大学生提名奖	
13	吴嫣然	2010级播音与主持		2013年安徽省十佳大学生提名奖	
14	韩　莹	2010级生物科学		2013年安徽省十佳大学生提名奖	

续表

序号	姓名	专业	称号及获得时间		
			自强之星	十佳大学生	其他
15	周玉平	2010级教育学	2013年中国大学生自强之星提名奖		
16	古孜里努尔	2011级心理学	2014年中国大学生自强之星标兵	2014年安徽省十佳大学生	
17	朱承节	2011级生物科学专业	2014年中国大学生自强之星提名奖		
18	朱　姗	2012级化学专业		2014年安徽省十佳大学生提名奖	
19	吴　辉	2012级伦理学研究生		2014年安徽省十佳大学生提名奖	
20	耿　竞	2013级材料化学			2016第十届中国青少年科技创新奖
21	方　萍	2012级体育教育		2015年安徽省十佳大学生	
22	高　燕	2014级音乐与舞蹈学		2015年安徽省十佳大学生提名奖	
15	周玉平	2010级教育学	2013年中国大学生自强之星提名奖		
16	古孜里努尔	2011级心理学	2014年中国大学生自强之星标兵	2014年安徽省十佳大学生	
17	朱承节	2011级生物科学专业	2014年中国大学生自强之星提名奖		
18	朱　姗	2012级化学专业		2014年安徽省十佳大学生提名奖	
19	吴　辉	2012级伦理学研究生		2014年安徽省十佳大学生提名奖	
20	耿　竞	2013级材料化学			2016第十届中国青少年科技创新奖
21	方　萍	2012级体育教育		2015年安徽省十佳大学生	

续表

序号	姓名	专业	称号及获得时间		
			自强之星	十佳大学生	其他
22	高　燕	2014级音乐与舞蹈学		2015年安徽省十佳大学生提名奖	
23	舒　心	2012级土地资源管理		2015年安徽省十佳大学生提名奖	
24	陈博群	2013级空乘专业	2015年中国大学生自强之星提名奖		
25	谷　静	16级生态学		2016年安徽省十佳大学生	2016年第十二届中国大学生年度人物入围奖
26	汪　健	2014级数学与应用数学	2016年中国大学生自强之星		2016年第十二届中国大学生年度人物提名奖
27	王　阳	2018级旅游管理专业硕士研究生		2020年安徽省百优大学生	2017年度全国优秀共青团员
28	吴　洁	2014级环境科学		2017年安徽省优秀大学生	
29	赵将	2016级新闻传播学硕士研究生		2017年安徽省优秀大学生	
30	王春雨	2018级体育学院硕士研究生		2018年安徽省十佳大学生	2017年第十三届中国大学生年度人物入围奖
31	蔡志鹏	2018级体育经营管理专业硕士研究生		2018年安徽省优秀大学生	2018年安徽省大学生年度人物
32	宁嘉惠	2019级中国语言文学硕士研究生		2019年安徽省十佳大学生	2019年安徽省优秀共青团员
33	蔡张飞	2018级社会体育指导与管理	2020年中国大学生 自强之星	2021年安徽省百优大学生	
34	潘志成	2018级摄影		2020年安徽省百优大学生	2021年中国大学生自强之星

续表

序号	姓名	专业	称号及获得时间		
			自强之星	十佳大学生	其他
35	韩　雪	2018级中国史专业硕士研究生		2020年安徽省百优大学生	
36	谭　强	2018级运动训练专业		2020年安徽省十佳大学生	第26届安徽青年五四奖章
37	赖晓晓	2019级体育专业硕士研究生		2021年安徽省十佳大学生	
38	解　谦	2018级电子信息工程专业		2021年安徽省百优大学生	
39	罗　静	2019级音乐专业硕士研究生		2021年安徽省百优大学生	39
40	阿芒尼沙•依来克	2018级地理科学（师范）专业		2021年安徽省百优大学生	
41	王欣格	2018级生态学专业		2021年安徽省百优大学生	
42	滕　琪	2019级思想政治教育专业			2021年度安徽省优秀共青团团员
43	王吉慧	2021级工商管理专业研究生		2022年安徽省百优大学生	2020年度中国电信奖学金•飞Young奖
44	关鑫鑫	2018级社会体育指导与管理专业	2021年度“中国大学生自强之星”		2021年度安徽省青年志愿者优秀个人
45	曹旭婷	2019级生物科学（师范）专业本科生	2021年度“中国大学生自强之星”	2022年安徽省百优大学生	
46	阿卜来提•阿卜力克木	2020级地理科学（师范）专业本科生	2022年度“中国大学生自强之星”标兵	2022年安徽省十佳大学生	
47	严杨林	2020级音乐专业研究生		2022年安徽省百优大学生	

续表

序号	姓名	专业	称号及获得时间		
			自强之星	十佳大学生	其他
48	李匡骐	2020级美术学专业		2022年安徽省百优大学生	
49	李　明	2022级中国语言文学硕士研究生	2023年度“中国大学生自强之星”		
50	郭　昊	2020级网络与新媒体专业	2022年度“中国大学生自强之星”		2022年度安徽省共青团团员
46	阿卜来提•阿卜力克木	2020级地理科学（师范）专业本科生	2022年度“中国大学生自强之星”标兵	2022年安徽省十佳大学生	
47	严杨林	2020级音乐专业研究生		2022年安徽省百优大学生	
48	李匡骐	2020级美术学专业		2022年安徽省百优大学生	
49	李　明	2022级中国语言文学硕士研究生	2023年度“中国大学生自强之星”		
50	郭　昊	2020级网络与新媒体专业	2022年度“中国大学生自强之星”		2022年度安徽省共青团团员
51	李心贝	2020级学前教育（师范）本科生			2022年度安徽省共青团团员
52	乔博宇	2021级音乐表演专业本科生	2023年度“中国大学生自强之星”		
53	骆鹏晟	2021级思想政治教育专业	2023年度“中国大学生自强之星”		

历届“师大骄子”十佳大学生信息一览表

序号	获评届次	姓名	性别	所在学院	年级专业	备注
1	第一届	方小雄	男	政法学院	2002级法学专业	全国高校辅导员年度人物入围奖(连续两年)、2010安徽省高校辅导员年度人物
2		唐小锋	男	物理与电子信息学院	2002级物理学专业	安徽省三好学生
3		汪丽娜	女	政法学院	2001级思想政治专业	
4		夏露露	男	国土资源与旅游学院	2004级地理信息系统专业	
5		许川川	女	文学院	2002级汉语言文学专业	
6		刘红梅	女	体育学院	2001级运动训练专业	
7		栾宇林	男	音乐学院	2001级音乐学专业	
8		司曼曼	女	生命科学学院	2002级生物科学专业	
9		胡　伟	男	历史与社会学院	2002级历史学专业	
10		张业睿	女	教育科学学院	2001级教育技术	
11	第二届	徐修玲	女	外国语学院	2003级应用英语专业	
12		律　伟	男	物理与电子信息学院	2003级物理学专业	
13		苏　静	女	国土资源与旅游学院	2004级旅游管理专业	
14		黄　妍	女	教育科学学院	2003级心理学专业	安徽省“优秀学生干部”
15		耿国星	男	体育学院	2002级社会体育专业	安徽省“大学生创业星”
16		彭　飞	男	数学计算机科学学院	2003级计算机专业	
17		梁　超	男	音乐学院	2003级音乐学专业	安徽省三好学生
18		王　米	女	生命科学学院	2003级生物科学专业	
19		滕　漫	女	经济管理学院	2003级经济学专业	
20		魏　娟	女	历史与社会学院	2002级社会工作专业	
21		吴青山	男	文学院	2003级中文专业	第十四届“中国青年五四奖章”，2007年度安徽省青年五四奖章、安徽省优秀青年志愿者、全国百佳大学生、全国“助人为乐好人”

续表

序号	获评届次	姓名	性别	所在学院	年级专业	备注
22	第三届	陈　静	男	教育科学学院	2005级教育技术专业	提名安徽省“十佳青年学生”和“中国大学生自强之星”
23		黎训金	男	皖江学院	2005级新闻专业	
24		李　叶		音乐学院	2003级音乐表演专业	
25		马训忠		物理与电子信息学院	2004级物理专业	
26		王　蕾	女	历史与社会学院	2004级公共管理专业	
27		许成君	女	物理与电子信息学院	2004级电子信息工程专业	
28		尹华正	男	外国语学院	2005级英语专业	
29		赵宏韬	男	美术学院	2004级艺术设计专业	
30		周亢亢	女	体育学院	2004级体育教育专业	安徽省三好学生、安徽省“优秀学生部”
31		左方敏	男	环境科学与工程学院	2004级环境科学专业	
32	第四届	亓彦亭	女	历史与社会学院	2006级公共事业管理专业	
33		杨千方	男	物理与电子信息学院	2005级物理专业	
34		陈　骁	男	文学院	2006级中文专业	
35		徐　莎	女	政法学院	2006级行政管理专业	2007年全国传统冠军赛通臂拳冠军,2007年全国大学生运动会女子长拳夺冠
36		王　磊	男	政法学院	2005级思想政治教育专业	安徽省三好学生
37		郭鹏鹏	男	音乐学院	2005级音乐学专业	
38		李　智	女	美术学院	2005级动画专业	
39		杨司祺	男	数学计算机科学学院	2005级计算机专业	安徽省三好学生、安徽省“优秀学生干部”
40		朱　橙	男	国土资源与旅游学院	2006级地理科学专业	第二届全国公众科学素质电视大赛冠军
41		秦　倩	女	体育学院	2006级体育教育专业	
42		崔文华	男	物理与电子信息学院	2006级电子信息工程专业	
43		汪华伟	男	体育学院	2006级体育教育专业	安徽省三好学生
44	第五届	张　钊	男	美术学院	2006级美术学专业	
45		汤　扬	女	音乐学院	2007级音乐表演专业	

续表

序号	获评届次	姓名	性别	所在学院	年级专业	备注
46	第五届	刘淮宇	男	文学院	2007级中文专业	
47		汪继彬	男	国土资源与旅游学院	2007级旅游管理专业	
48		朱治州	男	政法学院	2007级法学专业	
49		王　雷	男	生命科学学院	2005级生物科学专业	2010年安徽年度新闻人物候选人，全国爱老敬亲模范
50		邵　丹	女	化学与材料科学学院	2007级材料化学专业	
51		陈向勇	男	经济管理学院	2006级经济学专业	第二届全国公众科学素质电视大赛，获得冠军
52	第六届	谢晨晨	女	文学院	2007级汉语言文学专业	世博会安徽省形象大使
53		左佩佩	女	政法学院	2009级行政管理专业	2009年安徽省“三八红旗手”、“先进个人”
54		赵炎妍	女	化学与材料科学学院	2008级应用化学专业	
55		石秀琴	女	物理与电子信息学院	2007级物理学专业	2012年安徽青年五四奖章获得者
56		马晨竹	女	音乐学院	2007级音乐教育专业	
57		曹玮玮	男	数学计算机学院	2007级计算机科学与技术专业	
58		张昊楠	男	经济管理学院	2007级经济学专业	
59		王　静	女	外国语学院	2007级英语专业	
60		王云辰	男	体育学院	2007级体育教育专业	
61		胡翀豪	男	环境科学与工程学院		
62	第七届	王　娟	女	国土资源与旅游学院	2008级地理科学专业	2011年中国大学生自强之星提名、省十大杰出青年志愿者、省“十佳大学生”50强
63		蒯　龙	男	化学与材料科学学院	2007级化学专业	第七届“中国青少年科技创新奖”，2011年“中国大学生自强之星”称号
64		刘楠楠	女	体育学院	2008级运动训练专业	
65		郜雪	女	文学院	2008级汉语言文学专业	
66		柳　澂	女	数学计算机科学学院	2008级数学与应用数学专业	

续表

序号	获评届次	姓名	性别	所在学院	年级专业	备注
67	第七届	刘　鑫	女	政法学院	2008级法学专业	
68		王世奇	男	外国语学院	2007级俄语专业	第八届安徽省优秀青年志愿者
69		许朦胧	女	音乐学院	2007级音乐学专业	
70		胡志禹	女	文学院	2008级汉语言文学专业	胡志禹
71		胡志禹	女	文学院	2008级汉语言文学专业	
72		方永翔	男	物理与电子信息学院	2008级通信工程专业	方永翔
73	第八届	曲欣悦	女	传媒学院	2009级新闻专业	
73		梁　骏	男	历史与社会学院	2009级历史学专业	
74		高　畅	女	外国语学院	2008级英语专业	
75		杨　哲	男	美术学院	2009级艺术设计专业	
76		王　川	男	环境科学与工程学院	2009级环境工程专业	
77	第八届	童　银	女	体育学院	2009级运动训练专业	2012年“国家健将级”运动员称号
78		刘　傲	男	政法学院	2009级法学专业	第九届安徽省青年志愿者志愿服务先进典型“优秀个人奖”
79		盛多铮	男	物理与电子信息学院	2009级电子信息工程专业	
80		芮义蓉	女	音乐学院	2008级音乐学专业	
81	第九届	闻小宇	女	体育学院	2010级体育表演专业	
82		张　喆	女	经管学院	2009级经济学专业	
83		费白露	女	化材学院	2010级化学专业	
84		徐雅萍	女	文学院	2010级秘书学专业	安徽省就业指导课教学大赛金奖
85		陈　媛	女	美术学院	2010级美术学专业	
86		孙　瑜	女	音乐学院	2009级音乐学专业	
87		彭　伟	男	物电学院	2010级通信工程专业	
88		韩　莹	女	生科学院	2010级生物科学专业	
89		赵天阳	女	教科学院	2009级心理学专业	
90		洪子波	男	传媒学院	2009级摄影专业	

续表

序号	获评届次	姓名	性别	所在学院	年级专业	备注
91	第十届	王珊珊	女	文学院	2011级汉语言文学专业	
92		高　燕	女	音乐学院	2010级音乐学专业	2015年安徽省十佳大学生提名奖
93		周　琦	男	美术学院	2011级绘画专业	2013年中国大学生自强之星，第九届“中国大学生年度人物”入围奖
94		黄　伟	男	历史与社会学院	2010级社会学专业	
95		周玉平	男	教育科学学院	2011级学前教育专业	
96		李梦莹	女	体育学院	2011级体育表演专业	
97		李梦醒	女	传媒学院	2010级播音与主持艺术专业	
98		韩文锴	男	数学计算机科学学院	2012级物联网工程专业	
99		孙　武	男	物理与电子信息学院	2011级电子信息工程专业	
100		孙　芳	女	生命科学学院	2010级生物技术专业	
101	第十一届	袁　畅	男	美术学院	2012级环境艺术设计专业	
101		方　萍	女	体育学院	2012级体育教育专业	2015年安徽省十佳大学生
102		李雅雯	女	文学院	2012级汉语言文学专业	
103		范　雪	女	新闻与传播学院	2011级新闻学专业	
104		朱承节	男	生科学院	2011级生物科学专业	
105		舒心	女	国土资源与旅游学院	2012级土地资源管理专业	2015年安徽省十佳大学生提名奖
106		李　佳	女	政治学院	2013级思想政治教育专业	
107		余　歌	女	法学院	2012级法学专业	
108		余　歌	女	法学院	2012级法学专业	
109		王丹慧	女	音乐学院	2012级音乐学专业	
110		汪志文	男	物理与电子信息学院	2012级电子信息工程专业	
111		申靓雯	女	体育学院	2013级舞蹈表演专业	
112		濮永蓉	女	美术学院	2013级环境设计专业	
113		宋一墨	男	历史与社会学院	2012级社会学专业	
114		李书婷	女	教育科学学院	2013级应用心理学专业	
115		黄海洋	女	体育学院	2013级体育表演专业	

续表

序号	获评届次	姓名	性别	所在学院	年级专业	备注
116	第十二届	余梦雅	女	新闻与传播学院	2012级播音与主持艺术专业	
117		李改有	男	物理与电子信息学院	2013级自动化专业	
118	第十三届	盛　婷	女	国土资源与旅游学院	2012级地理科学专业	
119		关宏蔚	女	生命科学学院	2012级生物科学专业	
120		陈　梦	女	环境科学与工程学院	2012级食品质量与安全专业	
121		蔡志鹏	男	体育学院	2014级运动训练专业	团十八大代表
122		刘雪飞	女	生命科学学院	2013级生物科学专业	
123		赵　泽	男	新闻与传播学院	2013级动画专业	
124		孙　雯	女	经济管理学院	2013级会计学专业	
125		庄晓莹	女	文学院	2013级汉语言文学专业	
126		叶　品	女	教育科学学院	2014级学前教育专业	
127		吴　洁	女	环境科学与工程学院	2014级环境科学专业	2017年安徽省“十佳大学生”
128		王　阳	女	国土资源与旅游学院	2013级旅游管理专业	全国优秀共青团员
129		胡方凯	男	物理与电子信息学院	2013级软件工程专业	
130		梅晶哲	男	历史与社会学院	2013级社会学专业	
131	第十四届	熊树星	男	文学院	2014级汉语言文学专业	2017年《诗书中华》全国总冠军
132		项天舒	男	美术学院	2014级工艺美术专业	
133		宛一飞	男	数学与统计学院	2014级数学与应用数学专业	
134		郭昕	男	物理与电子信息学院	2014级光电信息科学与工程专业	
135		张　欢	男	新闻与传播学院	2014级文化产业管理专业	
136		王春雨	女	法学院	2014级行政管理专业	雅加达亚运会女子800米冠军、东京奥运会女子800米第五
137		梁家坤	男	物理与电子信息学院	2014级软件工程专业	
138		宓倩倩	女	外国语学院	2014级英语专业	
139		张君良	男	化学与材料科学学院	2014级材料化学专业	2018年安徽省“十佳大学生”提名奖
140		曹莎莎	女	生命科学学院	2014级生物科学专业	

续表

序号	获评届次	姓名	性别	所在学院	年级专业	备注
141	第十五届	郭精金	男	文学院	2015级汉语言文学（非师范）专业	2018年杭州诗词大会总冠军
142		王诗茹	女	马克思主义学院	2015级思想政治教育专业	
143		朱世奇	男	数学与统计学院	2015级统计学专业	
144		韩挺	男	化学与材料科学学院	2015级应用化学专业	
145		李珣	男	美术学院	2015级绘画学专业	
146		梁启蕊	女	生命科学学院	2015级应用生物科学专业	
147		陈文龙	男	新闻与传播学院	2015级播音与主持艺术专业	2018年安徽省“十佳大学生”提名奖
148		王玉玲	女	法学院	2015级法学专业	
149		王文武	男	物理与电子信息学院	2015级电子信息工程专业	
150		杨　丽	女	经济管理学院	2015级投资学专业	
151	第十六届	吕　潇	女	化学与材料科学学院	2016级化学工程与工艺专业	
152		曾丹扬	女	文学院	2016级汉语国际教育专业	
153		栗子璇	女	音乐学院	2016级舞蹈表演专业	
154		怕尔哈提·图尔荪	男	地理与旅游学院	2016级地理科学专业	
155		王天姿	男	外国语学院	2016级英语（非师范）专业	
156		谭　强	男	体育学院	2018级运动训练专业	2019年世界军人运动会团体、男双项目冠军、第26届安徽省青年五四奖章
157		李文卓	男	经济管理学院	2016级会计学（中美联合培养）专业	
158		钟丽霞	女	美术学院	2016级工艺美术专业	2019年安徽省“十佳大学生”提名奖
159		韦梦婷	女	历史与社会学院	2016级社会工作专业	
160		童珺仪	女	数学与统计学院	2016级统计学专业	
161	第十七届	王潇毅	女	物理与电子信息学院	2019级学科教学（物理）专业硕士	
162		阮氏春	女	国际教育学院	2018级旅游管理专业硕士	

续表

序号	获评届次	姓名	性别	所在学院	年级专业	备注
163	第十七届	季行健	男	新闻与传播学院	2017级新闻学(中外合作)专业	
164		戴幸运	女	数学与统计学院	2017级数学与应用数学专业	
165		蔡张飞	男	体育学院	2018级社会体育指导与管理专业	2019年度中国大学生自强之星标兵
166		罗　勇	男	地理与旅游学院	2017级地理科学专业	
167		童艳城	男	法学院	2017级法学专业	
168		潘志成	男	新闻与传播学院	2018级摄影专业	2020年中国大学生自强之星
169		李　明	男	文学院	2017级汉语言文学（卓越语文)专业	全国学联二十七大代表、2023年度中国大学生自强之星
170		刘蓉婕	女	历史学院	2017级公共事业管理专业	
171	第十八届	关鑫鑫	男	体育学院	2018级社会体育指导与管理专业	师大骄子标兵、2021年度中国大学生自强之星
172		王吉慧	女	经济管理学院	2021级工商管理专业研究生	师大骄子标兵、2022年安徽省百优大学生
173		王　玥	女	文学院	2018级汉语国际教育专业	师大骄子标兵
174		阿卜来提•阿卜力克木	男	地理与旅游学院	2020级地理科学(师范)专业	师大骄子标兵、2022年度中国大学生自强之星标兵、2022年安徽省十佳大学生
175		解　谦	女	物理与电子信息学院	2018级电子信息工程专业	师大骄子标兵、2022年安徽省百优大学生
176		陈如意	女	美术学院	2018级美术学专业	师大骄子标兵
177		李泽辰	男	音乐学院	2018级音乐学专业	师大骄子标兵
178		张　浩	男	生命科学学院	2019级生物学专业研究生	师大骄子标兵
179		顾雪薇	女	化学与材料科学学院	2018级化学工程与工艺专业	师大骄子标兵
180		黄　琦	女	生态与环境学院	2018级环境工程专业	师大骄子标兵
181		刘欣颖	女	新闻与传播学院	2018级广告学专业	
182		董栩婷	女	数学与统计学院	2019级物理学专业研究生	
183		李绮华	女	教育科学学院	2018级教育技术学专业	

续表

序号	获评届次	姓名	性别	所在学院	年级专业	备注
184	第十八届	李正书	女	数学与统计学院	2018级数学与应用数学专业	
184		刘国栋	男	历史学院	2018级历史学专业	
185		胡　恒	女	外国语学院	2018级英语（师范）专业	
186		李绮华	女	教育科学学院	2018级教育技术学专业	
187		郁春浩	男	经济管理学院	2018级投资学专业	
188		黄博文	男	马克思主义学院	2019级思想政治教育专业	
189		冯　瑞	女	法学院	2018级社会学专业	
190		詹　晟	男	计算机与信息学院	2019级计算机科学与技术专业	
191	第十九届	慕君毅	男	历史学院	2019级历史学（师范）专业	师大骄子标兵
192		郭　昊	男	新闻与传播学院	2020级网络与新媒体专业	师大骄子标兵、第十八届大学生年度人物（入围奖）、安徽省优秀共青团员、2022年度中国大学生自强之星
193.		王　一	男	物理与电子信息学院	2019级物理学专业	师大骄子标兵
194		刘　毅	男	体育学院	2020级运动训练专业	师大骄子标兵
195		周　威	男	生命科学学院	2019级生物科学（师范）专业	师大骄子标兵
196		谢宗璠	男	生态与环境学院	2019级环境工程专业	师大骄子标兵
197		陈　曦	女	数学与统计学院	2019级数学与应用数学（师范）专业	师大骄子标兵
198		褚超群	女	地理与旅游学院	2019级地理信息科学专业	师大骄子标兵
199		汪旭东	男	音乐学院	2020级音乐与舞蹈学专业硕士研究生	师大骄子标兵
200		吴泓婧	女	化学与材料科学学院	2019级应用化学专业	师大骄子标兵
201		方　盈	女	外国语学院	2019级英语（师范）专业	
202		李辛夷	女	美术学院	2019级视觉传达设计专业	
203		谢　铭	女	文学院	2019级汉语言文学专业	
204		陈　静	女	教育科学学院	2019级小学教育专业	
205		曹寅飞	男	新闻与传播学院	2021级新闻传播学专业硕士研究生	

续表

序号	获评届次	姓名	性别	所在学院	年级专业	备注
206	第十九届	雷霁雯	女	马克思主义学院	2019级思想政治教育专业	
207		邱怡雯	女	经济管理学院	2019级物流管理专业	
208		解子恒	男	外国语学院	2019级英语(师范)专业	
209		邵荠莹	女	计算机与信息学院	2020级人工智能专业	
210		曹寅飞	男	新闻与传播学院	2021级新闻传播学专业硕士研究生	
211	第二十届	吴　洁	女	美术学院	2020级美术学专业	师大骄子标兵
212		张瑞豪	男	法学院	2020级法学(卓越司法)专业	师大骄子标兵
213		邱　霞	女	化学与材料科学学院	2021级化学专业博士研究生	师大骄子标兵
214		白雪松	男	新闻与传播学院	2020级播音与主持艺术专业	师大骄子标兵
215		刘　帅	男	音乐学院	2020级音乐表演专业	师大骄子标兵
216		饶少旗	男	历史学院	2020级历史学(师范)专业	师大骄子标兵
217		王　倩	女	文学院	2020级汉语言文学(师范)专业	师大骄子标兵
218		文浩蓝	女	经济管理学院	2020级金融工程专业	师大骄子标兵
219		张　雯	女	计算机与信息学院	2020级人工智能(创新班)专业	师大骄子标兵
220		谢　园	女	地理与旅游学院	2022级工商管理(旅游管理方向)专业硕士研究生	师大骄子标兵
221		李美月	女	体育学院	2021级舞蹈表演II专业	
222		施羽晗	女	教育科学学院	2022级教育技术学专业硕士研究生	
223		吴佳怡	女	物理与电子信息学院	2020级通信工程专业本科生	
224		骆鹏晟	男	马克思主义学院	2021级思想政治教育专业	
225		檀江瑶	女	生态与环境学院	2020级环境科学专业	
226		朱铠坊	女	数学与统计学院	2020级统计学专业	
227		李匡骐	男	美术学院	2020级美术学专业	2022年安徽省百优大学生
228		汪文岚	女	生命科学学院	2020级生物科学(师范)专业	
229		丁　宁	女	外国语学院	2020级英语(师范)专业	
230		余昌泉	男	经济管理学院	2020级供应链管理专业	

编后记

为发挥校史校情“存史、资政、育人”的重要功能，充分展现我校的办学特色和人文精神，扎实推进校史校情教育，特编写出版《安徽师范大学校史校情简明读本》。

《安徽师范大学校史校情简明读本》的编写，起步于学校时任党委书记顾家山、校长王伦的倡导，得到了学校各位领导的关注和支持。学校成立了由李琳琦任组长，王峰、陈孔祥任副组长的编写工作组。

《安徽师范大学校史校情简明读本》分为校史篇和校情篇两部分，由李运明（校史篇第一节）、张伟（校情篇第一节）、徐成进（校史篇第二节、第三节，校情篇第二节、第三节）编写，由王峰、陈孔祥组稿、统稿，李琳琦审稿、定稿。其中校史篇系在《安徽师范大学简介》《安徽师范大学校史》的基础上经过删繁就简、补旧增新而成。

本书收录曾在我校（包括前身和芜湖师专）工作的已逝名师，包括国家级有突出贡献专家、全国“五一劳动奖章”获得者和全国优秀教师；曾在我校学习、工作，并取得突出成就、符合下列条件的历届校友：省部级以上党政领导，中国科学院院士、中国工程院院士，“长江学者”“千人计划”“万人计划”“国家杰青”、新世纪百千万人才工程国家级人选，在国内外有重要影响的著名人士。

收录对象材料由学校档案馆、相关部门和各学院提供，每人设一个条目，分别介绍，其中配以照片加以介绍的名师、杰出校友、学生由于篇幅所限和便于编排，释文字数基本相等，并刊照片一帧。名师介绍按照出生时间顺序排列，同年份的以姓氏笔画为序；校友介绍按政界和学界分别以届别为序排列，学生介绍按入校时间先后顺序排列。

在本书编写过程中，学校各部门、各学院提供了支持和帮助。裘士京、房列曙、张奇才、庄华峰、解光云等教授提供了修改意见和建议，李宗楼教授为校史篇编写提供资料和线索，彭劲、朱力、薛芳、侯彤、杜勇、张蓓、郏强等提供了部分资料、照片，在此谨致谢忱。

本书采用的一些照片，转自互联网，因一时找不到创作者，无法署名，在此向原作者表示歉意和感谢。

由于学校迭经变更，史料不全，再加上我们水平有限，本书遗漏和不当之处在所难免，恳请读者的匡正。

本书的重印，得到了学校各方面的大力支持，校党委书记张立驰、校长李亚栋提供了诸多帮助，副校长曾黎明对本书进行了审核，彭劲、朱力、薛芳、侯彤、杜勇、张蓓、谭书龙、芮先红、汪文文、周攀、左方敏、张薇薇等付出了艰辛的劳动。在此也非常感谢安徽师范大学出版社相关工作人员的鼎力相助。

《安徽师范大学校史校情简明读本》编写组

二〇二四年八月一日